Conrad M. Effinger

**Hinauf zu Gott!**

Conrad M. Effinger

**Hinauf zu Gott!**

ISBN/EAN: 9783744647533

Hergestellt in Europa, USA, Kanada, Australien, Japan

Cover: Foto ©ninafisch / pixelio.de

Weitere Bücher finden Sie auf **www.hansebooks.com**

# Hinauf zu Gott!

Katholisches Gebet-

und

# Erbauungsbuch

für

heilsbegierige Seelen

von

### P. Konrad Maria Effinger,

Kapitular des Stifts Maria-Einsiedeln.

Mit Approbation des Hochw. Bischofs von Chur.

Mit Bildern.

**Einsiedeln, New-York und Cincinnati, 1868.**

Druck und Verlag

**von Gebr. Karl und Nikolaus Benziger,**

Typographen des hl. Apostol. Stuhles.

# Morgenandacht.

## Beim Erwachen.

Gott, mein Gott! Dreieiniger Gott, zu Dir erwache ich.

Ehre sei dem Vater, und dem Sohne, und dem heiligen Geiste! Gelobt sei Jesus Christus — in Ewigkeit! Amen.

Maria, sei mir gegrüßt! Mutter Gottes, bitt für mich!

O Mutter der Barmherzkeit,
Durch die uns Gnade Gott verleiht!
Mach' uns vom bösen Feinde frei
Und steh' im Todeskampf' uns bei.

So stehe ich auf im Namen Jesu!

## Beim Ankleiden und Waschen.

O Gott! ziehe mir einen neuen Menschen an — einen solchen Menschen, der geschaffen ist in Gerechtigkeit und Heiligkeit.

Ich will nicht nur den äußern Menschen schmücken, — weit mehr den innern.

O Gott! gib mir das Kleid der Unschuld — und einst in der andern Welt das Kleid der seligen Unsterblichkeit.

Wasche mich, o Herr! von allen meinen Sünden. Erschaffe in mir ein reines Herz, und den rechten, den guten Geist erneuere in meinem Innersten.

## Wenn du mit Weihwasser das heilige Kreuz machest.

Es segne mich heute und allzeit † Gott der Vater, der mich nach seinem Bilde erschaffen; † Gott der Sohn, der mich mit seinem kostbaren Blute erlöset, und † Gott der heilige Geist, der mich durch seine Gnaden in der heiligen Taufe geheiligt hat.

(Wenn immer möglich, bete jetzt knieend das folgende)

## Morgengebet.

Im Namen † des Vaters, und † des Sohnes und † des heiligen Geistes. Amen.

Mein Gott! Dreieiniger Gott, Vater, Sohn und heiliger Geist! Vor deinem Angesichte falle ich da nieder und in Ehrfurcht bete ich Dich an. Ich glaube an Dich, o ewige und unfehlbare Wahrheit! ich hoffe auf Dich, o unendlich getreuer Gott! ich liebe Dich von ganzem Herzen — Dich, meinen Herrn und Gott, meinen Vater und Erlöser, — Dich, das unendlich liebenswürdigste Gut.

Ich danke Dir, daß Du mich die verflossene Nacht vor allem Uebel be=

wahrt und mich am Leben erhalten
hast. Ja, daß ich zum Anfange dieses
neuen Tages gekommen bin: das ist
einzig und allein ein unverdientes Ge=
schenk deiner väterlichen Liebe und All=
macht.

Wie soll ich deine Liebe genugsam
erheben? wie soll ich Dir gehörig dan=
ken — für die vielen Wohlthaten, die
Du mir ohne Aufhören erweisest? O
daß ich tausend Herzen hätte, um im=
merwährend in Liebe und Dankbarkeit
gegen Dich zu erglühen! Weil mir
aber dieß nicht gegeben ist, so verei=
nige ich mich wenigstens mit allen En=
geln und Heiligen des Himmels und
besonders mit der allerseligsten Jung=
frau Maria, um so an dem freudigen
Lobe und an der heiligen Liebe Theil
zu nehmen, welche diese Auserwählten
Dir allzeit darbringen.

Da Du mich aber das Licht dieses
Tages wieder hast erblicken lassen, o
so verleihe mir auch die Gnade, daß

ich heute nach deinem Willen und
Wohlgefallen in Allem lebe. Dazu,
dazu einzig, o gütigster Gott! verlän=
gerst Du mir ja das Leben, damit
ich von dem Wege der Sünde um=
kehre, nach wahrer Frömmigkeit und
christlicher Tugend eifrig strebe und
mich deiner ewigen Anschauung im
Himmel immer mehr würdig mache.
Wie sollte ich jedoch dieses zu thun im
Stande sein, wenn nicht deine Gnade
meine Schwachheit unterstützt?!

O so hilf mir denn, allmächtiger
Gott! Du weißt Alles, was ich be=
darf, ehe ich Dich darum bitte. Befreie
mich von allem Uebel des Leibes und
der Seele, stärke mich zu allem Guten,
leite und heilige alle meine Gesinnun=
gen, Worte und Werke. Alles, Alles,
was ich heute denken, reden und thun
werde, alle meine Arbeiten und Leiden,
alle Schritte und Tritte — Alles ver=
einige ich mit Jesus, meinem göttli=
chen Erlöser. So geschehe Alles im

Namen Jesu, zu deiner größern Ehre
und aus Liebe zu Dir! Diese meine
Meinung sei erneuert, so oft ich Athem
hole, so oft mein Puls schlagen wird.

Ich empfehle mich auch in alle
heiligen Messen, die auf der ganzen
Welt heute gelesen werden, sowie in
alle Gebete und guten Werke aller
frommen Christen. So möchte ich mich
theilhaftig machen aller der Verdienste
und Gnaden, welche so viele gottselige
Seelen sich zuziehen.

Himmlischer Vater! ich bezeichne
meine Stirne mit dem heiligen Kreuze
— zum Zeichen, daß ich alle meine
Gedanken Dir heilige und übergebe.

Göttlicher Heiland Jesus Christus!
ich bezeichne meinen Mund mit dem
heiligen Kreuze — zum Zeichen, daß
ich alle meine Worte Dir heilige und
übergebe.

Gott heiliger Geist! ich bezeichne
mein Herz mit dem heiligen Kreuze
— zum Zeichen, daß ich alle meine

Neigungen, Begierden und Wünsche, ja auch alle meine Werke Dir heilige und übergebe.

O gütigster Jesu, in deiner Liebe segne mich, In deinen heiligen Wunden verberge mich; Von Dir lasse niemals scheiden mich! —

O meine Gebieterin, allerseligste Jungfrau Maria! in deine gesegnete Treue, in deinen besondern Schutz und in den Schooß deiner Barmherzigkeit empfehle ich heute und täglich, vorzüglich aber in meiner letzten Stunde, meinen Leib und meine Seele. In deine heiligen Hände lege ich alle meine Hoffnung, meinen Trost, meine Trübsale und Arbeiten, mein Leben und das Ende meines Lebens, damit durch deine heilige Fürbitte und deine Hochverdienste alle meine Gedanken, Worte und Werke nach deinem und deines göttlichen Sohnes Willen geleitet werden.

(Vom heiligen Franz von Assisi.)

Heiliger Joseph, Du glorreicher Nährvater und Bräutigam Mariä! Hei-

lige Namenspatronen und alle Heili=
gen, die ich mit besonderer Andacht
verehre — auch euch bitte ich, ihr
wollet diesen Tag meine Fürbitter im
Himmel sein. Gedenket meiner, der
ich noch in diesem Thale der Thränen
seufze und erflehet mir von Gott Kraft
und Stärke, damit ich im Kampfe
gegen alles Böse niemals unterliege,
sondern nach euern Beispielen ein from=
mes, gottesfürchtiges Leben führe, um
so einst in euere Gesellschaft zu kom=
men und mit euch ewig selig zu werden.

Du, o Engel Gottes, mein Beschützer,
dem Gottes Güte mich anvertraut hat,
erleuchte, beschütze, leite und regiere
mich. Amen.

(Ablaß von 100 Tagen. Pius VI., 2.
October 1795.)

## Zweiter Abschnitt.

# Gebete während des Tages.

~⚬~

Ihr möget essen oder trinken, oder etwas Anderes thun, so thuet Alles zur Ehre Gottes. (1 Cor. 10, 31.)

Ein Mensch ohne Gebet ist ein Thier ohne Vernunft.

Wer nicht lange Zeit im Gebet zubringen kann, soll wenigstens oft durch kleine Schußgebetlein seinen Geist zu Gott erheben. (Hl. Philipp Neri.)

## Der englische Gruss.*)

**Morgens, Mittags und Abends
beim Läuten der Betglocke.**

Der Engel des Herrn brachte Maria die Botschaft, und sie empfing vom heiligen Geiste.

Gegrüßt seist du, 2c.

Maria sprach: „Siehe, ich bin eine Magd des Herrn; mir geschehe nach deinem Worte.

Gegrüßt seist du, 2c.

Und das Wort ist Fleisch geworden und hat unter uns gewohnt.

Gegrüßt seist du, 2c.

V. Bitt für uns, o heilige Gottesgebärerin:

R. Auf daß wir würdig werden der Verheißungen Christi.

---

*) Für jedesmal ein Ablaß von 100 Tagen. Benedikt XIII., den 14 Sept. 1724.

## Gebet.

Wir bitten Dich, o Herr, Du wolletst beine Gnade in unsere Herzen, eingießen, damit wir, die wir durch die Botschaft des Engels die Menschwerdung Christi, deines Sohnes, erkannt haben, durch sein Leiden und Kreuz zur Herrlichkeit der Auferstehung gelangen mögen: durch denselben Christum, unsern Herrn. Amen.

## Zur österlichen Zeit

wird statt des englischen Grußes gebetet:

## Lobgesang.

Freu' dich, o Himmelskönigin! Alleluja.

Den du zu tragen verdient hast, Alleluja:

Der ist auferstanden, wie Er gesagt hat, Alleluja.

Bitt Gott für uns, Maria! Alleluja.

℣. Freue dich und frohlocke, o Jungfrau Maria, Alleluja!

℟. Denn der Herr ist wahrhaft auferstanden, Alleluja.

### Gebet.

O Gott, der Du durch die Auferstehung deines Sohnes, unsers Herrn Jesu Christi, die Welt zu erfreuen Dich gewürdiget hast: wir bitten Dich, verleihe, daß wir durch seine Gebärerin, die heiligste Jungfrau Maria, zu den Freuden des ewigen Lebens gelangen mögen: durch denselben Christum, unsern Herrn. Amen.

## Uebung der drei göttlichen Tugenden.

### Anbetung.

Heilig, heilig, heilig bist Du, o Herr, Gott der Heerschaaren! Alle Welt ist voll deiner Glorie. Ehre sei dem Vater und dem Sohne und dem heiligen Geiste, wie sie war im Anfang, so auch jetzt und immer und in alle Ewigkeiten. Amen.

## Glaube.*)

Allmächtiger, ewiger Gott! ich glaube an Dich, daß Du einfach in der Wesenheit, dreifach in den Personen, Vater, Sohn und heiliger Geist, ein übernatürlicher Belohner des Guten und Bestrafer des Bösen bist; daß Jesus Christus, dein eingeborner Sohn, aus Liebe zu uns Mensch geworden, für uns am Kreuze gestorben und in dem heiligsten Altarssakramente wahrhaft gegenwärtig ist. Ich glaube auch alles Uebrige, was die heilige katholische Kirche zu glauben vorhält, weil Du, der unendlich weise und wahrhafte Gott, dieses selbst geoffenbaret hast.

---

*) Für diese drei göttlichen Tugenden verlieh Benedikt XIV. einen Ablaß von 7 Jahren und 7 Quadragenen, d. h. 280 Tagen — den 28. Jänner 1756.

Herr, vermehre in mir den wahren Glauben.

## Hoffnung.

Gütigster Gott! ich hoffe von Dir durch die Verdienste Jesu Christi, meines Erlösers, und durch meine Mitwirkung alles Gute: die Verzeihung meiner Sünden, deine Gnade und das ewige Leben; ich hoffe dieses Alles, weil Du, o unendlich gütiger, getreuer und allmächtiger Gott, dieses mir zu geben versprochen hast. Herr, stärke in mir die feste Hoffnung.

## Liebe.

Liebenswürdigster Gott! ich liebe Dich aus ganzem Herzen über alle erschaffenen Dinge, nicht nur darum, weil Du mich zuvor geliebt und mit unzählbaren Gutthaten überhäuft hast, sondern vornehmlich deßwegen, weil Du das allerhöchste Gut und wegen Dir selbst aller Liebe unendlich würdig bist. Aus Liebe zu Dir liebe ich auch meinen Nächsten, sowohl Freunde als Feinde, wie mich selbst, und Dich in ihnen. Herr, entzünde in mir die göttliche Liebe.

## Gute Meinung.

Heiligster Gott! ich opfere Dir auf alle meine Gedanken, Worte und Werke; ich vereinige dieselben mit den unendlichen Verdiensten Jesu Christi. Nimm sie hin zu deiner höchsten Ehre und Anbetung; auch zur Ehre Mariä, der allerseligsten Jungfrau, sowie aller lieben Engel und Heiligen; zur Dank= sagung für alle empfangenen Wohl= thaten; zur Genugthuung für meine Sünden; zur Erlangung deiner Gnade, kraft welcher Du mich vor aller schwe= ren Sünde stets bewahren wollest; zur Hilfe und zum Troste der armen See= len im Fegfeuer; zum zeitlichen und

2

ewigen Wohle aller Menschen, beson=
ders Jener, für welche ich aus Dank=
barkeit und Liebe zu beten schuldig
bin. O, daß ich durch meine Werke
Dich also ehren und verherrlichen könnte,
wie Du es würdig bist!

## Vor der Arbeit.

Ich will diese Arbeit, o Gott, ver=
richten nach deinem heiligsten Willen
— zu deiner Ehre, in Vereinigung mit
den Arbeiten meines göttlichen Er=
lösers.

Alles aus Liebe zu Gott! Alles
im Namen Jesu!

## Vor dem Essen.

Aller Augen warten auf Dich, o
Herr, und Du gibst ihnen Speise zur
rechten Zeit: Du eröffnest deine milde
Hand, und erfüllest Alles, was da lebt,
mit Segen.

Die Ehre sei dem Vater, 2c.

Herr, erbarme Dich unser!

Christe, erbarme Dich unser!

Herr, erbarme Dich unser!

Vater unser, der Du bist, 2c.

Segne, o Herr, uns und diese deine Gaben, die wir von deiner Güte empfangen werden: durch Christum, unsern Herrn. Amen.

## Nach dem Essen.

Allmächtiger Gott! wir danken Dir für alle Wohlthaten, die Du uns jetzt wieder erwiesen hast: der Du lebst und regierst in alle Ewigkeit. Amen.

Die Ehre sei dem Vater, 2c.

Herr, erbarme Dich unser!

Christe, erbarme Dich unser!

Herr, erbarme Dich unser!

Vater unser, der Du bist, 2c.

V. Der Name des Herrn sei ge=benedeit:

R. Von nun an bis in Ewigkeit.

Gib, o Herr, allen unsern Wohl=
thätern um deines Namens willen zur
Belohnung das ewige Leben. Amen.

Und die Seelen der abgestorbenen
Christgläubigen mögen durch die Barm=
herzigkeit Gottes im Frieden ruhen!
Amen.

## Bei Versuchungen zur Sünde.

Wie sollte ich vor dem Angesichte
Gottes Böses thun?

Dein heiligstes Herz, o Jesu, er=
rette und stärke mich, daß ich nicht
sündige!

Nein, keine Sünde! Herr, hilf
mir, denn ohne deine Gnade vermag
ich nichts.

O süßes Herz Mariä, sei du meine
Rettung!*)

---

*) Für diesen Gebetsseufzer, der besonders in
Versuchungen recht oft zu wiederholen ist, jedesmal
ein Ablaß von 300 Tagen. So Pius IX. den
30. Sept. 1852.

## In Leiden und Widerwärtigkeiten.

O mein Jesu! was ich leide, sei Dir aufgeopfert.

Alles Dir zu Lieb', o Jesu! Alles in Vereinigung mit dem, was Du gelitten hast — am Oelberg, bei der Geißelung und Krönung am Kreuze!

O Gott! stärke mich. Gib mir Gnade, daß ich alles Widerwärtige (jeden Schmerz) geduldig ertrage.

In Allem geschehe der heiligste, anbetungswürdigste Wille Gottes!

Alles, was Gott will! Alles, wie Gott will!

## Gebet am Donnerstage.

### Zur Erinnerung an die Todesangst Christi.

Jesus sprach: „Meine Seele ist betrübt bis in den Tod; bleibet hier und wachet mit Mir." Vater unser.

Er fiel auf sein Angesicht, betete und sprach: „Mein Vater! wenn es

möglich ist, so gehe dieser Kelch an
Mir vorüber; doch nicht wie Ich will,
sondern wie Du willst." Vater unser.

Da Ihn Todesangst befiel, betete
Er noch länger. Und sein Schweiß
ward wie Blutstropfen, welche auf die
Erde herabrannen. Vater unser.

### Gebet.

O mildester Herr Jesus Christus,
der Du im Garten am Oelberge we=
gen meiner und der ganzen Welt Sün=
den die peinlichste Todesangst willig
gelitten, auch wunderbarer Weise Blut
geschwitzt hast und in dieser äußersten
Schwachheit von einem Engel hast wol=
len gestärkt werden: verleihe mir armen
Sünder, daß ich in aller meiner Trau=
rigkeit und Trübsal mich zu Dir wende;
sende mir in solchen bangen Stunden
deinen heiligen Engel, der mich ermun=
tere und stärke; endlich stehe mir mit
deinem allmächtigen Schutze bei, wenn
ich in den Todeskampf komme, und

führe mich dann in deine Herrlichkeit:
der Du lebst und regierst in alle Ewig=
keit. Amen.

## Am Freitage.

### Zur Erinnerung an die Scheidung Christi am Kreuze.

Von der sechsten bis zur neunten
Stunde bedeckte Finsterniß die ganze
Erde. (Matth. 27, 45.)

Vater unser, der Du bist, 2c.

Um die neunte Stunde rief Jesus
mit lauter Stimme: „Mein Gott, mein
Gott! warum hast Du Mich verlassen?"
(Matth. 27, 46.)

Vater unser, der Du bist, 2c.

Jesus rief abermal mit lauter
Stimme und sprach: „Vater, in deine
Hände empfehle Ich meinen Geist."
Dann neigte Er sein Haupt und gab
seinen Geist auf. (Luk. 23, 46.)

Vater unser, der Du bist, 2c.

## Gebet.

Herr Jesus Christus! wir beten Dich an und sagen Dir Dank, denn durch dein heiliges Kreuz, durch dein bitteres Leiden und deinen schmerzhaftesten Tod hast Du uns und die ganze Welt erlöst.

Durch die Bitterkeit aller jener Leiden, welche Du um unserer Erlösung willen drei volle Stunden lang am Kreuze ausgestanden, allermeist aber in jenem hochheiligen Augenblicke, da deine Seele von deinem Leibe abgeschieden ist — durch alles dieses bitte ich Dich, Du wollest Dich über meine arme Seele gnädigst erbarmen, besonders wann sie von meinem Leibe wird abscheiden müssen, auf daß dein Kreuz und Leiden an mir nicht verloren gehe und ich, nach einem gottseligen Tode, zur ewigen Seligkeit gelangen möge. Amen.

## Dritter Abschnitt.

# Abendandacht.

---

## Abendgebet.

O mein Gott, Vater, Sohn und heiliger Geist! ich werfe mich in Demuth vor Dir nieder und will da vor deinem heiligen Angesichte den heutigen Tag beschließen. Ich lobe Dich und danke Dir für alle Gnaden und Wohlthaten, welche Du mir heute wieder an Leib und Seele so liebevoll und reichlich erwiesen hast. Was soll ich Dir vergelten für Alles,

was Du mir gethan hast? O ich er=
kenne es: Du bist unendlich gütig und
sorgest für alle deine Geschöpfe —
für die Vögel des Himmels und für
die Blumen des Feldes. Auch ich er=
fahre immerdar diese deine Vatergüte,
diese deine weiseste Sorgfalt. Em=
pfange dafür meinen herzlichsten, mei=
nen aufrichtigsten Dank.

Wie sollte ich jedoch am Ende dieses
Tages nicht auch noch mich selbst zu
Rede stellen, wie ich denselben verlebt
habe! Du verlangst ja einst Rechen=
schaft über mein ganzes Leben; ach wie
stände es mit mir, wenn ich noch diese
Nacht vor deinem Gerichte erscheinen
müßte? O Herr, erleuchte mich und
zeige mir alle Versäumnisse und Fehl=
tritte, womit ich heute Dich wieder
beleidigt habe. Erwecke auch in mei=
nem Herzen aufrichtige Gesinnungen
der Reue, auf daß ich deiner Barm=
herzigkeit würdig werde und Verzeihung
erhalte.

Hier erforsche dein Gewissen, wie und wie oft du dich den Tag hindurch versündiget habest; gegen Gott, gegen deine Mitmenschen, gegen dich selbst, gegen deine Standespflichten. Prüfe dich auch, wie viel Gutes du unterlassen habest 2c.

Gott, heiliger Vater! ach, wie beschämt fühle ich mich vor Dir! Wie habe ich heute wieder viel Gutes unterlassen — selbst das Gute, das ich etwa gethan, ach wie unvollkommen war es, und ich hätte es in reinerer Meinung thun sollen! Ja, sogar Böses habe ich gethan, deine Gebote übertreten und gegen Dich, o Gott, gesündiget! Mit reuevollem Herzen bekenne ich meine Schuld, meinen Undank und meine Untreue. Herr, gehe doch mit mir nicht in's Gericht; wie müßte ich bestehen, wenn Du mir alle meine Missethaten und Saumseligkeiten anrechnen und nach deiner Gerechtigkeit mich behandeln wolltest?! O verzeih' mir nach der Menge deiner Barmherzigkeit und nimm

mich wieder in Gnaden auf. Verlän=
gerst Du mir das Leben, o so will
ich mich bessern, namentlich diese Sünde
(N.) nicht mehr begehen. Soll ich denn
nicht einmal ein anderer, ein besserer
Mensch werden? Habe ich nicht schon
genug gesündigt? Ach, wenn diese Nacht
die letzte meines Lebens wäre! O gib
mir Zeit zur Buße; gib mir Gnade,
daß ich in Zukunft Dir treuer und
eifriger diene — treu und eifrig bis
in den Tod.

Für alle meine Versäumnisse aber,
für alle meine Fehltritte und Sünden
opfere ich Dir auf — alle Schritte
und Tritte, die mein göttlicher Erlöser
hier auf Erden gethan hat, alle seine
Gebete, Arbeiten und Nachtwachen, sein
ganzes Leben und sein bitterstes Lei=
den und Sterben. Siehe, o Vater
im Himmel, auf diesen deinen vielge=
liebten Sohn und auf all' seine un=
endlichen Verdienste, und aus Liebe zu
Ihm sei mir und allen Sündern gnä=
dig und barmherzig.

Nun möchte ich mich zur Ruhe be=
geben; Du, o Gott, hast es ja selbst
also angeordnet, daß wir durch den
süßen Schlaf an Leib und Seele er=
quickt und neu gestärkt werden. Segne
denn meine Ruhe und beschütze mich
die ganze Nacht hindurch vor allen
Anfechtungen des höllischen Feindes,
vor jeder Sünde und vor einem un=
versehenen, bösen Tode. Selbst meinen
Schlaf will ich Dir weihen und heili=
gen; daher mache ich diese gute Mei=
nung: mit jeder Minute dieser Nacht,
mit jedem Athemzuge meines Herzens
möchte ich einen Akt der heiligen Liebe
zu Dir erwecken. Auch vereinige ich
mich mit allen guten Werken, die so
viele fromme Seelen jetzt, während
ich schlafe, Dir zu Lieb' verrichten und
empfehle mich besonders in jede Stunde
der ewigen Anbetung des allerheiligsten
Altarssakramentes.

O Geber alles Guten! erbarme
Dich auch aller meiner Mitmenschen —

aller derer, die in dieser Nacht die
Wohlthat des Schlafes entbehren, aller
Elenden und Betrübten, aller Kranken
und Sterbenden. Tröste und stärke sie;
lindere ihre Schmerzen und erhalte Alle
in deiner Gnade. Im Namen Jesu
bitte ich Dich auch, Du wollest doch
alle Jene von der Sünde zurückhalten,
die jetzt auf bösen Wegen wandeln.
Endlich führe die armen Seelen im Feg=
feuer recht bald in die ewigen Freuden
des Himmels. —

Maria, meine theuerste Mutter,
die du den ewigen Sohn des himm=
lischen Vaters in der tiefen Stille der
Nacht geboren hast! segne und schütze
mich diese Nacht hindurch an Leib und
Seele. O gütige, o milde, o süße
Jungfrau Maria, laß mich deinem
liebevollen Mutterherzen stets empfoh=
len sein — bei Tag und bei Nacht,
im Leben und im Sterben!

Heiliger Joseph, heiliger Schutz=
engel, mein heiliger Namenspatron und

alle meine besondern Schutzheiligen!
lobet und preiset statt meiner diese
Nacht hindurch den gütigsten Gott, und
erbittet mir die Gnade, daß ich nach
einem ruhigen Schlafe zur Ehre Gottes
und zu meinem eigenen Heile wieder
erwachen kann. O seid immerdar meiner
eingedenk dort im Reiche unseres Vaters und Erlösers und bewirket es durch
euere Fürsprache, daß ich einst von
der zeitlichen Ruhe zur ewigen, von
der Nacht dieser Sterblichkeit zum Lichte
der unvergänglichen Herrlichkeit gelangen möge.

Die allerheiligste Dreifaltigkeit,
Gott † der Vater, Gott † der Sohn
und Gott † der heilige Geist, der
Friede und Segen unsers Herrn Jesu
Christi, die Kraft seines bittern Leidens und Sterbens, das Zeichen des
heiligen † Kreuzes, die Verdienste der
unbefleckt empfangenen glorwürdigen
Jungfrau Maria, der Segen aller Heiligen, der Schutz aller lieben Engel

bewahre mich wider alle sichtbaren und
unsichtbaren Feinde, jetzt und immer
und in der Stunde meines Absterbens.
Amen.

### Beim Schlafengehen.

In deine Hände, o Vater, empfehle
ich meinen Geist.

In dein heiligstes Herz, o Jesu,
lege und verberge ich mich.

Jesus, Maria und Joseph, Euch
empfehle ich mein Herz und meine Seele.

Jesus, Maria und Joseph, stehet
mir bei in meinem letzten Todeskampfe.

Jesus, Maria und Joseph, mit
Euch möge meine Seele im Frieden
scheiden.

(Für die drei letzten Gebete 300 Tage
Ablaß. Pius VII. 28. April 1807.)

## Vierter Abschnitt.

# Meßgebete.

## Messandacht an Sonn- und Feiertagen.

Die heilige Messe ist die Sonne aller geistlichen Uebungen, der Mittelpunkt der christlichen Religion, die Seele aller Frömmigkeit, ein unaussprechliches Geheimniß, das den Abgrund der göttlichen Liebe umfaßt, weil Gott sich selbst wesentlich darin uns (durch die Opferung und heilige Communion) mittheilt und so den Reichthum seiner Gaben und Gnaden an uns verherrlichet.

Das Gebet, welches in Vereinigung mit diesem göttlichen Opfer verrichtet wird, hat

eine unbeschreiblich große Kraft. Gib dir
demnach alle Mühe, jeden Tag (wenn es
dir nur möglich ist) der heiligen Messe bei=
zuwohnen, um mit dem Priester das Opfer
deines Erlösers Gott dem Vater darzu=
bringen für dich und die ganze heilige Kirche.
(Heil. Franz von Sales in der Philothea.)

## Gute Meinung.

Ich will jetzt diese heilige Messe
anhören und der geheimnißvollen
und wunderbaren Verwandlung
des Brodes in das lebendige
Fleisch, und des Weines in das kost=
bare Blut Jesu Christi andächtig bei=
wohnen — nach der Meinung und
Vorschrift der heiligen römisch=katholi=
schen Kirche, zum Lobe des allmäch=
tigen Gottes und der ganzen trium=
phirenden Kirche im Himmel, zu mei=
nem Heile; sowie zum Heile der ganzen
annoch streitenden Kirche auf Erden,
auch zum Troste der leidenden Seelen
im Fegfeuer, mit herzlicher Fürbitte
für alle jene, die sich im Allgemeinen

oder Besondern in mein Gebet empfoh=
len haben, endlich für das Wohl und
einen gedeihlichen Bestand der heiligen
römisch=katholischen Kirche.

Freude und Frieden, Besserung des
Lebens, Zeit zur wahren Buße, die
Gnade und den Trost des heiligen
Geistes, die Beharrlichkeit in allen guten
Werken verleihe uns Allen der allmäch=
tige und barmherzige Gott! Amen.

### Eine andere gute Meinung. *)

Ewiger Vater! ich opfere Dir auf
das Opfer, welches Jesus Christus,
dein vielgeliebter Sohn, am Kreuze
durch Aufopferung Seiner selbst dar=
brachte und jetzt auf diesem Altare
wieder erneuert, und ich opfere es Dir
auf — im Namen aller Geschöpfe,

---

*) Ablaß von 3 Jahren. Pius IX. 30. Sept.
1859. Diese gute Meinung oder Aufopferung kann
zu jeder beliebigen Zeit, jedoch während der heili=
gen Messe, gebetet und somit auch der Ablaß ge=
wonnen werden.

sammt jenen heiligen Messen, welche
schon dargebracht worden und in der
ganzen Welt noch werden dargebracht
werden, um Dich anzubeten, um Dir
die gebührende Ehre zu erweisen, um
Dir den schuldigen Dank für die un=
zählbaren Wohlthaten abzustatten, um
deinen Zorn zu besänftigen und Dir
die schuldige Genugthuung zu leisten
und Dich um Gnade zu bitten — für
mich, für die heilige Kirche, für die
ganze Welt und für die armen Seelen
im Fegfeuer.

### Staffelgebet und Kyrie eleison.

Ich will nun vor deinen heiligen
Altar treten, o allmächtiger, ewiger
Gott! Doch wie darf ich's wagen, vor
deinem Angesichte zu erscheinen? Ach,
dein heiliges Auge sieht ja an mir
nichts Gutes, nichts als Sünde und
Elend.

Dennoch will ich nicht verzagen;
ich weiß ja, daß Du ein reumüthiges

und bußfertiges Herz nicht verschmähest.
Gleich jenem Sünder dort im Tempel
— bekenne ich vor Dir und vor allen
Heiligen, daß ich mich gar vielmal und
schwer gegen Dich, o bester Vater,
versündigt habe — in Gedanken, mit
Worten und Werken, aus meiner größ=
ten Schuld. Du aber, o barmherziger
Gott, sieh' auf meine Reue und sei
mir armen Sünder gnädig! Um der
Verdienste Jesu willen verzeihe mir und
tilge in dem Blute dieses deines viel=
geliebten Sohnes alle meine Sünden.

Auch Du, o göttlicher Erlöser Jesus
Christus, der Du auf diese Welt ge=
kommen, um die Sünder zu retten und
selig zu machen: erbarme Dich meiner,
auch aller Derjenigen, die in schweren
Sünden sich befinden und führe uns
Alle zur wahren Buße und Besserung
des Lebens.

Und du, o heiliger Geist, erleuchte
meinen Verstand, daß ich das Wahre
und Gute erkenne; stärke meinen Willen,

daß ich alles unheilige, böse Wesen ver=
abscheue, hasse und fliehe und fortan
nur das thue, was deine heiligen Ge=
bote fordern!

So möge der allmächtige Gott
meiner und aller Anwesenden sich huld=
voll erbarmen! Er verzeihe uns unsere
Sünden und führe uns Alle zum ewi=
gen Leben!

Herr, erbarme Dich unser!
Christe, erbarme Dich unser!
Herr, erbarme Dich unser!

### Beim Gloria.

Ehre sei Gott in der Höhe und
Friede auf Erden den Menschen, die
eines guten Willens sind! Wir loben
Dich, wir preisen Dich, wir beten Dich
an, wir verherrlichen Dich; wir danken
Dir wegen deiner großen Herrlichkeit;
Herr Gott, König des Himmels, Gott,
allmächtiger Vater! Herr, Eingeborner
Sohn, Jesus Christus! Herr Gott,
Lamm Gottes, Sohn des Vaters!

Der Du hinwegnimmst die Sünden
der Welt: erbarme Dich unser! Der
Du hinwegnimmst. die Sünden der
Welt: nimm unser inbrünstiges Gebet
an! Der Du sitzest zur Rechten des
Vaters: erbarme Dich unser! Denn
Du allein bist heilig, Du allein Herr,
Du allein der Allerhöchste, Jesus Chri=
stus, mit dem heiligen Geiste in der
Herrlichkeit Gottes des Vaters. Amen.

### Bei den Gebeten des Priesters.

Allmächtiger, ewiger Gott, Herr
himmlischer Vater! erhöre gnädigst die
Gebete, welche der Priester im Namen
der ganzen heiligen Kirche und für die
Wohlfahrt Aller jetzt zu Dir richtet.
Im Namen unsers Herrn Jesu Christi,
deines göttlichen Sohnes, flehet er deine
Majestät demüthigst an und begehrt
deinen hilfreichen Beistand in allen un=
seren Nöthen. Du weißt, wessen wir
bedürfen, und gern gibst Du deinen
Kindern, was ihnen wahrhaft gut und

nützlich ist. O so wende doch dein väter=
liches Angesicht nicht von uns ab; wir
sind zwar sündige Menschen, aber doch
voll Reue und Zerknirschung wegen un=
seren Sünden. Sieh uns also mit gnä=
digen Augen an, auf daß wir, von
allem Uebel befreit, Dir wohlgefällig
leben, einst selig sterben und zu deiner
Herrlichkeit gelangen mögen: durch Je=
sum Christum, unsern Herrn. Amen.

**Während der Epistel und dem Evangelium.**

Der Priester liest nun das Wort
Gottes, so wie dasselbe von den Pro=
pheten und heiligen Evangelisten ist
verkündet worden. Ach, wie werde ich
da an meine oftmalige und große Un=
treue erinnert! Wie viel Mal habe ich
leider die falschen Grundsätze der ver=
derbten Welt, nicht aber die unfehl=
baren Lehren, nicht die so heilsamen
Worte Jesu Christi befolgt! So viel
Mal, ach! schaute ich auf die Hand=
lungsweise schlechter Menschen und rich=

tete nach derselben meinen eigenen Wan=
del ein. Selbst an dem beseligenden
Worte Gottes habe ich gar oft keine
Lust und keine Freude gefunden.

Vergib mir, o Jesu, diese Nach=
lässigkeit, und erlasse mir jene harte
Strafe, die Du denen androhest, welche
dein Wort nicht hören, oder wenn sie
es zwar hören, es aber nicht befolgen.
Nein, so treulos will ich in Zukunft
nicht mehr handeln. Ich stehe jetzt beim
heiligen Evangelium auf und bezeichne
die Stirne, den Mund und das Herz
mit dem Zeichen des heiligen Kreuzes.
So bin ich bereit, mit Freude und
Eifer das zu thun, was Du verlangst,
o göttlicher Lehrer! Ich werde mich
meines heiligen Glaubens als katholi=
scher Christ niemals schämen, vielmehr
will ich diesen Glauben mit Mund und
Herz und durch alle meine Werke un=
gescheut an den Tag legen, wozu Du
mir aber deine allmächtige Gnade ver=
leihen wollest. Amen.

## Credo.

**Das Glaubensbekenntniß, das im vierten Jahrhundert auf der allgemeinen Kirchenversammlung zu Constantinopel verfaßt wurde.**

Ich glaube an Einen Gott, den allmächtigen Vater, Schöpfer des Himmels und der Erde, aller sichtbaren und unsichtbaren Dinge. Und an Einen Herrn Jesum Christum, den eingebornen Sohn Gottes, der aus dem Vater von Ewigkeit geboren ist, Gott von Gott, Licht vom Lichte, wahrer Gott vom wahren Gott; geboren, nicht erschaffen, von gleicher Wesenheit mit dem Vater, durch welchen Alles gemacht ist; welcher für uns Menschen und um unseres Heiles willen vom Himmel herabgekommen ist und durch den heiligen Geist aus Maria der Jungfrau Fleisch angenommen hat und Mensch geworden ist; Er ist auch für uns gekreuzigt worden unter Pontius Pilatus, hat

gelitten und ist begraben, von den Tod=
ten wieder auferstanden am dritten
Tage, nach der Schrift, und ist auf=
gefahren in den Himmel, sitzet zur Rech=
ten des Vaters, und wird wiederum
kommen in Herrlichkeit, um zu richten
die Lebendigen und die Todten; dessen
Reiches kein Ende sein wird.

Ich glaube auch an den heiligen
Geist, den Herrn, der lebendig macht,
der vom Vater und vom Sohne aus=
geht, der mit dem Vater und mit dem
Sohne zugleich angebetet und verherr=
licht wird, der durch die Propheten ge=
sprochen hat.

Ich glaube auch an Eine, heilige,
katholische und apostolische Kirche; ich
bekenne Eine Taufe zur Vergebung der
Sünden, und erwarte die Auferstehung
der Todten und das Leben der zukünf=
tigen Ewigkeit. Amen.

### Bei der Opferung des Brodes

Nimm an, o heiliger Vater, all=
mächtiger, ewiger Gott! dieses unbe=
fleckte Opfer, das ich mit dem Prie=
ster am Altare Dir, meinem lebendigen
und wahren Gott darbringe für meine
unzähligen Sünden und Beleidigungen
und Nachlässigkeiten, und für alle An=
wesenden, aber auch für alle Gläubi=
gen, lebende und abgestorbene, damit
es mir und ihnen zum Heile gereiche
für das ewige Leben. Amen.

### Bei der Vermischung des Weines und Wassers.

O Gott, der Du die Würde der
menschlichen Natur wunderbar erschaffen
und noch wunderbarer wieder hergestellt
hast: verleihe, daß wir durch das Ge=
heimniß dieses Wassers und Weines
der Gottheit Jesu Christi, deines Soh=
nes, unseres Herren, theilhaftig wer=
den, der sich gewürdigt hat, unserer
Menschheit theilhaftig zu werden: der
mit Dir lebt und regiert in Ewigkeit.

### Bei der Opferung des Weines.

Wir opfern Dir, o Herr, den Kelch des Heils, und bitten deine Güte, daß er vor dem Angesichte deiner göttlichen Majestät für unser und der ganzen Welt Wohlfahrt mit lieblichem Wohl= geruch emporsteige.

Im Geiste der Demuth und mit zerknirschtem Herzen laß uns bei Dir, o Herr, Aufnahme finden, und laß uns das Opfer vor deinem Angesichte heute also darbringen, daß es Dir, unserm Herrn und Gott, wohlgefalle.

Komm, Heiligmacher, allmächtiger, ewiger Gott, und segne dieses Opfer, das deinem heiligen Namen bereitet ist.

Nimm an, o heiligste Dreifaltig= keit, diese Opfergabe, die wir Dir darbringen zum Andenken an das Lei= den, die Auferstehung und Himmelfahrt Jesu Christi, unseres Herrn, auch zur Ehre der allerseligsten, immerwähren= den Jungfrau Maria, des heiligen Jo=

hannes des Täufers, der heiligen Apo=
stel Petrus und Paulus, und derjeni=
gen, deren Reliquien hier ruhen, sowie
aller Heiligen, damit es ihnen zur Ehre,
uns aber zum Heile gereiche, und da=
mit jene für uns fürbitten wollen im
Himmel, deren Gedächtniß wir begehen
auf Erden: durch denselben Jesum
Christum, unsern Herrn.

### Zur Präfation.

Mit Ehrfurcht erheben wir jetzt
unsere Hände und Herzen zu Dir, o
Gott, und sagen Dir Dank. Wahr=
lich, es ist billig und recht, es ist
pflichtgemäß und heilsam, daß wir Dir
immerdar und aller Orten Dank sa=
gen, o Herr, heiliger Vater, allmäch=
tiger, ewiger Gott, durch Christum,
unsern Herrn. Durch Ihn loben die
Engel deine Majestät; durch Ihn ver=
herrlichen Dich in tiefster Ehrerbietung
alle himmlischen Kräfte. Die seligen
Seraphim preisen Dich und stimmen

in das allgemeine Frohlocken ein. Auch
uns sündigen Menschen gestatte gnä=
digst, daß wir unsern Lobgesang mit
diesen himmlischen Geistern vereinigen
und voll Demuth und in Anbetung
rufen:

Heilig, heilig, heilig bist Du, Herr
Gott der Heerschaaren! Himmel und
Erde sind deiner Herrlichkeit voll. Ehre
sei Gott in der Höhe! Gebenedeit sei,
der da kommt im Namen des Herrn!
Ehre sei Gott in der Höhe!

### Vom Sanktus bis zur heiligen Wandlung.

Gütigster Vater! durch Jesum Chri=
stum, deinen Sohn, unsern Herrn und
Heiland, bitten wir Dich demüthigst, Du
wollest jetzt das gegenwärtige Opfer Dir
selbst weihen, segnen und es wohlgefällig
annehmen. Dieses reine und unbefleckte
Opfer bringen wir Dir dar, vorzüg=
lich für deine heilige katholische Kirche,
damit Du sie im Frieden erhalten,
beschützen und in der Einigkeit bewah=

ren und regieren wollest auf dem ganzen
Erdkreise, zugleich mit deinem Diener,
unserem heiligen Vater, dem Papste,
N., mit unserm Bischofe, so auch mit
allen Rechtgläubigen und Bekennern
des katholischen und apostolischen Glau=
bens. Besonders erbarme Dich und
gedenke, o Herr, dieser deiner Diener
und Dienerinnen . . . .

Wir gedenken auch, o Gott, der
glorreichen, allezeit unversehrten Jung=
frau, der Mutter Gottes und unseres
Herrn Jesu Christi, ebenso aller heiligen
Apostel und Martyrer, ja aller deiner
Heiligen, mit denen wir ja in der in=
nigsten Gemeinschaft stehen. Durch ihre
Verdienste und auf ihre Fürbitte ver=
leihe uns gnädigst, daß wir in allen
unsern Nöthen und Anliegen durch deine
Macht beschützt und bewahrt werden:
durch Christum, unsern Herrn. Amen.

Nimm denn doch, o Herr, wir
bitten Dich inbrünstig — nimm dieses
unser und deiner ganzen Gemeinde

Opfer wohlgefällig an; ordne unsere
Tage in deinem Frieden, bewahre uns
vor der ewigen Verdammniß und gib,
daß wir einst der großen Schaar dei=
ner Auserwählten beigezählt werden;
durch Christum, unsern Herrn. Amen.

### Bei Aufhebung der heiligen Hostie.

Mein Herr und mein Gott! Du
bist jetzt unter der Gestalt des Bro=
des wahrhaft gegenwärtig; ich glaube
es deinem unfehlbaren Worte. — Du
Sohn Gottes — Sohn der Jungfrau
Maria! erbarme Dich meiner. — Je=
sus, Dir lebe ich! Jesus, Dir sterbe
ich! Jesus, Dein bin ich — todt und
lebendig!

### Bei Aufhebung des heiligen Kelches.

O Du wahrhaftes, lebendiges Blut
meines göttlichen Erlösers! Du bist
aus seinen heiligsten Wunden geflossen!
Mit allen Engeln und Heiligen bete
ich Dich demüthigst an. Reinige mich

4

von allen Sünden und stärke mich zu
allem Guten.

### Nach der heiligen Wandlung.

Mit dankbarem Gemüthe gedenken
wir jetzt, o himmlischer Vater, des
bittersten Leidens, sowie der glorreichen Auferstehung und Himmelfahrt
deines Sohnes, unseres Herrn; wir
bringen deiner unendlichen Majestät
von deinen eigenen Geschenken und
Gaben dieses reine, dieses heilige, dieses
unbefleckte Opfer dar: das heilige Brod
des ewigen Lebens und den Kelch des
immerwährenden Heiles.

Mit gnädigem Antlitze schaue doch
auf diese Opfergaben herab und nimm
sie huldvoll an, damit wir, so viele
unser an dem Altare den hochheiligen
Leib und das Blut deines Sohnes
(wenn auch nur geistigerweise) empfangen werden, mit aller himmlischen
Gnade und Segnung erfüllt werden.

Gedenke auch, o Herr, derjenigen,

die in dem wahren Glauben uns in
die Ewigkeit vorausgegangen sind und
schon im Schlummer des Friedens
ruhen .... Ihnen und Allen, die in
Christo ruhen, verleihe gnädig den Ort
der Erquickung, des Lichtes und des
Friedens.

Uns Sündern aber, die wir noch
in diesem Erdenthale pilgern, jedoch
auf deine Erbarmungen fest vertrauen,
— gib uns nach deiner Güte An=
theil an der Gemeinschaft mit deinen
heiligen Aposteln und Martyrern und
allen deinen Auserwählten; laß uns
einst in ihre Gesellschaft gelangen, wir
bitten Dich darum und hoffen es auch,
weil Du gegen uns so gütig bist —
nicht in Ansehung unserer Verdienste,
sondern um deiner unendlichen Barm=
herzigkeit willen: durch Christum, unsern
Herrn. Amen.

### Beim Pater noster.

Durch eben diesen göttlichen Er=
löser belehrt, ja auf seinen Befehl hin
bete ich jetzt mit dem Priester:

Vater unser, der Du bist, ꝛc.

Erlöse uns, o Herr, wir bitten
Dich, von allen vergangenen, gegen=
wärtigen und zukünftigen Uebeln, und
durch die Fürbitte der allerseligsten
Jungfrau und Gottesmutter Maria
und aller Heiligen bewirke es, daß auf
der ganzen Welt der liebe Friede herr=
sche, damit wir, durch deine mächtige
Gnade unterstützt, von jeglicher Sünde
immer frei und von aller Drangsal
gesichert sein mögen: durch denselben
Christum, unsern Herrn. Amen.

### Communion-Gebete.

O Du Lamm Gottes, das Du
hinwegnimmst die Sünden der Welt:
erbarme Dich unser!

O Du Lamm Gottes, das Du

hinwegnimmst die Sünden der Welt: erbarme Dich unser!

O Du Lamm Gottes, das Du hinwegnimmst die Sünden der Welt: gib uns den Frieden!

Ja, o göttlicher Erlöser, Du selbst hast es zu den Aposteln gesagt: „Den Frieden hinterlasse Ich euch." Siehe nicht auf meine Sünden, sondern auf den Glauben deiner heiligen Kirche und erhalte sie in Frieden und Ein= tracht.

O Herr Jesus Christus, Sohn des lebendigen Gottes! nach dem Willen des Vaters hast Du, unter Mitwir= kung des heiligen Geistes, durch dei= nen Tod der Welt das Leben wieder gegeben; ich bitte Dich aus ganzer Seele, Du wollest mich durch die Kraft deines hochheiligen, hier gegenwärtigen Leibes und Blutes von allen meinen Sünden und von jedem Uebel befreien. Kann ich auch jetzt Dich nicht wirklich in mein Herz aufnehmen, so will ich

doch wenigstens im Geiste mit einem
inbrünstigen Verlangen Dich empfan=
gen und spreche daher mit dem Priester:

O Herr, ich bin nicht würdig, daß
Du eingehest unter mein Dach, son=
dern sprich nur ein Wort, so wird
gesund meine Seele.

Diese geistliche Communion gereiche
mir nach deiner großen Güte zum
Schutze der Seele und des Leibes und
zu einem Heilmittel gegen alle meine
Uebel; gib, daß ich immer deinen Ge=
boten getreu anhange, und laß nicht
zu, daß ich jemals von Dir getrennt
werde: der Du lebst und regierst in
alle Ewigkeit. Amen.

### Die letzten Gebete.

Verleihe gnädigst, o liebreicher Er=
löser, daß wir einst durch den Genuß
deiner Gottheit beglückt und gesättigt
werden — durch jenen ewigen Genuß,
welchen der zeitliche Empfang deines
kostbaren Leibes und Blutes vorbildet.

O himmlischer Vater! dieses Opfer, das ich jetzt in Vereinigung mit dem Priester dargebracht habe, laß Dir wohlgefällig sein, mir aber und Allen, für die ich gebetet habe, gereiche es nach deiner Erbarmung zur Versöhnung und zum Heile für Zeit und Ewigkeit!

Durch die geweihten Hände des Priesters will ich jetzt deinen Segen, o Gott, empfangen. Daher spreche ich: Es segne mich an Leib und Seele Gott † der Vater, † der Sohn und † der heilige Geist! Dieser Segen des allmächtigen Gottes begleite alle meine Schritte, meine Arbeiten, mein ganzes Leben! Amen.

### Beim letzten Evangelium.

Was jetzt der Priester noch betet, ist aus dem Evangelium des heiligen Johannes. Da bezeugt der heilige Evangelist, Jesus sei das ewige Wort des Vaters, dasselbe sei selbst wahrhaft Gott und durch dieses Wort seien alle Dinge erschaffen worden. Dieses

ewige Wort aber ist aus der aller=
reinsten Jungfrau Maria geboren wor=
den: das Wort ist Fleisch gewor=
den und hat unter uns gewohnt.

Lob und Dank sei Dir, o gött=
licher Heiland, für deine gnadenreiche
Menschwerdung! Lob und Dank sei
Dir, daß Du auch jetzt wieder wahr=
haft und lebendig auf dem Altare er=
schienen bist — als unser tägliches,
hochheiliges Opfer und als die himm=
lische Speise unserer Seelen! O gib
doch, daß ich durch die Theilnahme
an diesen deinen heiligen Geheimnissen
auch an den Früchten deiner Erlösung
immer mehr theilnehme; mache, daß
auch ich wahrhaft als ein Kind Gottes
mich in Allem erweise, um einst nach
einem tugendhaften Leben in die ewige
Seligkeit einzugehen.

So möge es geschehen durch die
Gnade und Barmherzigkeit des drei=
einigen Gottes † des Vaters, † des
Sohnes und † des heiligen Geistes! A.

# Messandacht an Werktagen.

## Vorbereitungsgebet.

Allmächtiger, ewiger Gott! der Du die Welt so sehr geliebt hast, daß Du deinen eingebornen, ewigen Sohn dahin gegeben, damit Er durch sein Leiden und seinen Tod dieselbe wieder mit Dir versöhnte: ich komme jetzt, Dir eben diesen deinen Sohn durch die Hände des Priesters aufzuopfern, wie Er es selbst eingesetzt und angeordnet hat. Nimm dieses Opfer an zu deiner größern Ehre, und zur dankbaren Erinnerung an das blutige Opfer des Kreuzes, zur Danksagung für alle mir erzeigten Wohlthaten, zur vollkommenen Versöhnung deiner von mir so oft beleidigten Gerechtigkeit; zur Erlangung aller Gnaden, die mir am nothwendigsten sind; zum Troste aller lebenden und abgestorbenen Chri=

sten: vorzüglich aber zur Erlangung
einer glückseligen Sterbestunde; durch
die Verdienste Jesu Christi, deines
Sohnes.

Jesu Christi, Du Sohn des lebendigen Gottes! der Du, als ein wahrer
Priester nach der Ordnung Melchise-
dechs, das heilige Meßopfer eingesetzt
hast, damit wir ein beständiges Andenken an dasjenige Opfer hätten, welches Du am Kreuze für uns verrichten
wolltest: zugleich aber auch ein Mittel,
uns der Verdienste desselben theilhaftig
zu machen: durch jene unendliche Liebe,
die Dich hiezu bewog und die Dich
noch immer bewegt, uns aus deiner
Gnadenquelle so viel zufließen zu lassen,
als wir in unserer Armseligkeit bedürfen, bitte ich Dich, verleihe mir
die Gnade der wahren Andacht, damit
ich deiner Segnungen in vollem Maße
theilhaftig werden möge.

O allerseligste Jungfrau Maria,
die du voll Liebe und in unaussprech-

lichen Schmerzen unter dem Kreuze
standest, als dein geliebter Sohn sich
an demselben für das Heil der Welt
opferte, bitte für mich, daß ich mit
wahrem Schmerze über meine Sün=
den, mit inniger Andacht und schul=
diger Ehrerbietung diese heilige Messe
anhöre, worin dein Sohn, mein lieb=
reichster Erlöser, abermal, wiewohl auf
eine unblutige Weise, dennoch wahr=
haftig und wesentlich, seinem himm=
lischen Vater aufgeopfert wird.

Alle Heiligen Gottes, insbesondere
ihr, die ihr auf dem Calvarienberge
bei dem blutigen Kreuzopfer meines
Erlösers gegenwärtig waret, bittet für
mich, damit ich dieser unblutigen Er=
neuerung und Gedächtnißfeier desselben
mit eben denselben Gesinnungen der
Andacht, Liebe und Dankbarkeit bei=
wohne, die euch beim wirklichen Tode
Jesu einst beseelt haben. Amen.

Der Priester geht zum Altar. — Jesus geht mit seinen Jüngern zum Oelberge.

Jesu Christe, Du Sohn des lebendigen Gottes, der Du am Oelberge für mich Sünder die größte Angst und tiefste Traurigkeit ausgestanden hast; verleihe mir die Gnade, daß ich in aller meiner Angst und Traurigkeit mich zu Dir wende und in Vereinigung mit deinem bittern Leiden alle Prüfungen und Leiden mit Geduld ertrage, damit sie zu meinem Heile gereichen. Amen.

Der Priester fängt die heilige Messe an. — Jesus fängt sein Gebet im Garten an.

O Jesu, Du Heiland und Erlöser der Welt! der Du in dem Garten zu deinem himmlischen Vater so inbrünstig gebetet und nach dem Gebete von einem Engel Stärkung erhalten hast: verleihe mir durch die Kraft deines Gebetes, daß ich das meinige allzeit mit gebührender Andacht verrichte. Dein

heiliger Engel stehe mir bei, er tröste
und stärke mich in allen meinen Nö=
then und Anliegen und führe mich
endlich dahin, wo ich Dich mit dem=
selben ewig loben und preisen möge.
Amen.

Der Priester betet das Confiteor. — Jesus
fällt auf sein Angesicht und schwitzt Blut.

Herr Jesu Christe! Du hast in
beiner bittern Todesangst, die Du bei
deinem Gebete am Oelberge ausge=
standen, häufiges Blut geschwitzt: ach,
gib mir eine wahre Reue über meine
Sünden, welche die Haupturfache dei=
ner Angst und Leiden gewesen find,
damit ich dieselben, wenn auch nicht
mit meinem Blute, doch wenigstens
mit aufrichtigen Bußthränen abwaschen
und tilgen möge. Amen.

Der Priester küsset den Altar. — Jesus wird
mit einem Kusse verrathen.

Herr Jesu Christe! der Du von
dem treulosen Judas durch einen Kuß

verrathen wurdeſt, gib mir die Gnade,
daß ich Dich über Alles und aus Liebe
zu Dir meinen Nächſten wie mich ſelbſt
liebe, und daß ich meine Dir ſchon
ſo oft verſprochene Treue in der Folge
nie wieder brechen möge. Amen.

Der Prieſter geht zur Epiſtelſeite. — Jeſus
wird gefangen, gebunden und von dem Oelberge weggeführt.

Jeſu Chriſte! der Du Dich von
den gottloſen Juden haſt gefangen
nehmen und binden laſſen: ich bitte
Dich, löſe die Bande meiner Sünden
auf und binde mich ſo feſt mit den
Banden deiner Liebe an deine heiligen
Gebote, daß ich in allen Stücken und
zu jeder Zeit mich von deinem heiligen
Willen leiten und regieren laſſe. A.

Der Prieſter betet den Introitus. — Jeſus
wird als ein Uebelthäter dem Annas und
Kaiphas vorgeſtellt.

O Jeſu, Du Heiland der Welt!
der Du Dich als ein Uebelthäter zu

den gottlosen Priestern Annas und
Kaiphas hast führen und Dich densel=
ben hast vorstellen lassen: gib mir die
Gnade, daß ich mich niemals von dem
bösen Geiste zu irgend einer Gottlosig=
keit verführen lasse; sondern daß ich
jederzeit von deinem heiligen Geiste
zu aller Gottseligkeit und Tugend an=
geleitet und geführt werde; damit ich
einstens Dir', meinem gerechten Richter,
mit freudiger Hoffnung vorgestellt wer=
den kann. Amen.

Der Priester betet das Kyrie eleison. —
Jesus wird von Petrus verläugnet.

O Herr Jesu Christe! der Du von
deinem Jünger und Apostel Petrus,
der Dir so feierlich ewige Treue ver=
sprochen hatte, dreimal verläugnet
worden bist; laß doch nicht zu, daß
ich Dich oder deine heilige Kirche und
den alleinseligmachenden Glauben aus
Furcht vor den Feinden der Wahrheit
auf irgend eine Weise — und sollte

ich auch mit dem Tode bedroht wer=
den — jemals mit Worten oder in
der That verläugne, sondern laß mich
vielmehr im freimüthigen und stand=
haften Bekenntnisse deiner heiligen Lehre
leben und sterben. Amen.

Der Priester wendet sich zu den Gläubigen
und spricht: Dominus vobiscum. — Jesus
wendet sich zu Petrus und bewegt ihn mit
einem Blicke, seine Sünden zu beweinen.

Jesu Christe! Du hast aus unend=
licher Barmherzigkeit Dich zu Petrus
gewendet, ihn mit gnädigem Auge an=
gesehen und ihn auf diese Weise zur
Buße bewogen. Ach! richte auch auf
mich deinen barmherzigen Blick und
ertheile mir kräftige Gnade, alle meine
begangenen Sünden von ganzem Her=
zen zu bereuen und dieselben ferner=
hin nicht mehr zu begehen. Amen.

Der Priester geht zur Epistelseite und betet.
— Jesus wird vor Pilatus geführt und
fälschlich angeklagt.

Herr Jesu Christe! der Du von
deinen Feinden mit Ungestüm zu Pi=
latus geführt und fälschlich angeklagt
worden bist, erbarme Dich meiner,
wenn ich einstens vor deinem strengen,
aber gerechten Richterstuhle erscheinen
und wegen aller von mir begangenen
Sünden werde angeklagt werden. Handle
mit mir alsdann nicht nach meinen
Sünden und Missethaten, sondern nach
deiner unendlichen Güte und Barm=
herzigkeit. Sei mir ein gnädiger und
barmherziger Richter und verwirf mich
nicht von deinem Angesichte. Amen.

Der Priester geht in die Mitte des Altars
und betet. — Jesus wird zu Herodes
geführt und verspottet.

Jesu Christe! Du hast Dich zu dem
gottlosen Herodes führen lassen und
geduldig ertragen, daß man Dich so
vielfach verspottete, ohne mit einem

einzigen Worte Dich zu beklagen: ver=
leihe mir die Gnade, daß auch ich alle
Schmach, Beschimpfung und Verspot=
tung aus Liebe zu Dir mit Geduld
und Demuth ertragen lerne. Amen.

Der Priester geht zur andern Seite des
Altars und liest das Evangelium. — Jesus
wird von Herodes zu Pilatus zurückgesandt.

O Jesu, mein Heiland und Er=
löser! der Du von Pilatus zu Hero=
des und von diesem wieder zu Pilatus
geführt und allenthalben gelästert wor=
den bist: verleihe mir deine Gnade,
daß ich die boshaften Anschläge der
gottlosen Menschen nicht fürchte, noch
durch Verachtung, Spott und viele
andere Unbilden mich jemals von Dir
und der Beobachtung deines heiligen und
beseligenden Gesetzes abziehen lasse. A.

Der Priester deckt den Kelch auf. — Jesus
wird seiner Kleider beraubt.

O mein göttlicher Heiland! der Du
vor deiner schmerzhaften Geißelung Dir

deine Kleider haſt ausziehen und Dich
im Angeſichte der Gottloſen gänzlich
entblößen laſſen; gib mir die Gnade,
daß ich durch aufrichtiges Bekenntniß
meiner Sünden den alten, ſündigen
Menſchen mit ſeinen Werken ausziehe
und niemals von der Tugend entblößt
vor deinem heiligen Angeſichte erſcheine.
Amen.

Der Prieſter opfert Brod und Wein. — Jeſus
wird an die Säule gebunden nnd gegeißelt.

Jeſu Chriſte! wie unbarmherzig biſt
Du an eine Säule gebunden und wie
grauſam gegeißelt worden! Ich erkenne,
warum Du ſo viel haſt leiden müſſen:
meine und aller Menſchen Sünden ſind
die Urſache deiner ſo großen und un=
ausſprechlichen Mißhandlungen. Ja,
freiwillig haben wir geſündigt und auch
freiwillig haſt Du Dich für uns dei=
nem himmliſchen Vater zum Opfer
hingegeben, um uns die durch Unge=
horſam verlorene Kindſchaft wieder zu

erkaufen. Ich bereue von Herzen meine
Sünden, für welche Du so viel ge=
litten; und opfere jetzt mit dem Priester
mich selbst, mein Herz und meinen
Willen für immer Dir auf. O laß
es Dir ein wohlgefälliges Opfer sein.
Zugleich bitte ich Dich in Demuth
meines Herzens, wende die Strafen
ab, die ich wegen meiner Sünden in
der Ewigkeit verdient habe. Züchtige
mich väterlich auf dieser Welt, auf
daß Du mich verschonest in der Ewig=
keit. Amen.

Der Priester deckt den Kelch zu. — Jesus
wird mit Dornen gekrönt.

Jesu, mein Heiland! Du König
aller Könige, und Beherrscher des Him=
mels und der Erde, Du hast Dich mir
zu Liebe auf die schimpflichste und
schmerzlichste Weise mit Dornen krönen
lassen! Verleih' mir die Gnade, mein
Leben jetzt und allzeit nach deiner
Lehre und deinem Beispiele so einzu=

richten, daß ich mit Recht Hoffnung
habe, einstens von Dir im Himmel
die Krone des ewigen Lebens zu empfangen. Amen.

Der Priester wascht seine Hände. — Jesus
wird durch die Handwaschung des Pilatus
für unschuldig erklärt.

Herr Jesu Christe! der Du von
dem Richter Pilatus für unschuldig
erkannt worden bist und dennoch das
Lästern und Toben der Juden geduldig
angehört hast; verleihe mir, daß ich
mich eines unsträflichen Lebenswandels
befleißige und mich weder durch Versuchung des bösen Feindes, noch durch
Lästerung und Verfolgung der Menschen davon abwendig machen lasse.
Amen.

Der Priester wendet sich zum Volke und
spricht: Orate Fratres. — Jesus wird
dem Volke vorgestellt mit den Worten:
Siehe ein Mensch!

Jesu Christe, Du aller Ehre und
Anbetung würdigster Sohn Gottes!

der Du mit einem Spottkleide ange=
than und so dem Volke vorgestellt wur=
dest; verleihe mir, daß ich einstens,
mit dem Kleide deiner heiligmachenden
Gnade angethan, vor Dir, meinem
Richter, zu erscheinen gewürdiget und
zur ewigen Anschauung deiner Maje=
stät in den Himmel zugelassen werde.
Amen.

Der Priester spricht die **Präfation**. —
Jesus wird zum Kreuzestode verurtheilt.

Jesu, Du ewiger Sohn Gottes
und Urheber des Lebens! Du hast aus
Liebe zu mir das Urtheil des schmäh=
lichsten Todes unschuldig über Dich
aussprechen lassen: aus Liebe zu Dir,
o mein Jesu! unterwerfe ich mich auch
dem bittern, aber gerechten Ausspruche
meines Todes, welchen ich durch den
Mißbrauch meines Leibes und meiner
Seele so oft verdient habe. Ja, Herr
über Leben und Tod! willst Du mich
noch leben lassen, so verleihe mir Kraft,

nach deinem Wohlgefallen zu leben; willst Du mich aber aus dieser Welt hinwegnehmen, so laß mich nur in deiner Gnade scheiden, und bewahre mich vor den Schrecknissen des ewigen Todes, damit ich Dich im Himmel anbeten, lieben und lobpreisen kann in Ewigkeit. Amen.

Der Priester betet den Canon. — Jesus wendet sich zu den frommen Weibern, die Ihm nachfolgen.

Herr Jesu Christe! der Du mit dem schweren Kreuze beladen, auf dem Wege zur Gerichtsstätte die weinenden Frauen aus Jerusalem ermahntest, nicht über Dich, sondern über sich selbst zu weinen: gib mir solche Thränen, welche aus einem zerknirschten Herzen entspringen: ja, gib mir Thränen der Reue und der glühendsten Liebe gegen Dich, damit ich aus Liebe zu Dir, o gütigster Jesu! alle meine Sünden von Herzen bereue. Amen.

Der Priester macht das Kreuzzeichen über das Brod und den Wein. — Jesus wird mit Nägeln an das Kreuz geheftet.

O geduldigster Jesu! Du hast unserer Sünden wegen, wie ein Lamm auf die Schlachtbank gelegt wird, Dich auf das harte Kreuz legen und mit großen Nägeln an dasselbe anheften lassen; verleihe mir die Gnade und Beharrlichkeit im Glauben, damit ich mich an dein heiliges Gesetz fest und unwandelbar halte und darnach lebe, so daß ich mit dem heiligen Apostel in Wahrheit sagen kann: ich bin gewiß, daß weder Tod noch Leben mich scheiden wird von der Liebe Gottes, die da ist in Christo Jesu, unserm Herrn. Amen.

Der Priester hebt die heilige Hostie in die Höhe. — Jesus wird an dem Kreuze in die Höhe gehoben.

Jesu, mein Herr und Gott! aus Liebe gegen mich hast Du Dich an dem Kreuze hangend erhöhen und dem

ganzen Volke zeigen lassen: ich bete
Dich hier unter der Gestalt des Bro=
des demüthigst an und sage Dir un=
endlichen Dank, daß Du Dich für mich
und die ganze Menschheit zum Tode
hingegeben hast. Du sprachst einst:
„Wenn ich erhöhet sein werde, ziehe
ich Alles zu Mir;" so ziehe mich denn
zu Dir und mache mich Eins mit Dir
in heiliger Liebe; zeige Dich mir jetzt
als einen barmherzigen Erlöser, ein=
stens aber als einen gnädigen Richter.
Jesu, ich glaube an Dich! Jesu, ich
hoffe auf Dich! Jesu, ich liebe Dich
von ganzem Herzen und über Alles!
Jesu, sei mir armen Sünder gnädig
und barmherzig!

Der Priester hebt den Kelch in die Höhe. —
Jesus, am Kreuze hangend, vergießt sein
heiliges Blut.

Jesu Christe! mein preiswürdigster
Heiland! der Du aus deinen heiligen
Wunden dein kostbares Blut in großer
Fülle vergossen hast! ich bete Dich hier

gegenwärtig an und bitte Dich demü=
thigst, laß den unendlichen Werth des=
selben an mir nicht verloren sein. In
diesem heiligen Blute wasche mich mehr
und mehr von meinen Missethaten und
reinige mich von meinen Sünden.
Jesu, ich glaube an Dich! Jesu, ich
hoffe auf Dich! Jesu, ich liebe Dich
von ganzem Herzen und über Alles!
Jesu, sei mir armen Sünder gnädig
und barmherzig!

Der Priester betet das Memento für die
Abgestorbenen. — Jesus bittet seinen himm=
lischen Vater für seine Feinde.

Gütigster Jesu! der Du am Kreuze
hangend, für das ganze Menschenge=
schlecht und insbesondere für deine
Feinde — in dem Augenblicke, als sie
Dich marterten und verhöhnten — ge=
betet hast: Dir zu Liebe will ich auch
Allen verzeihen, die mich jemals be=
leidigt haben. Nach deinem Gebote
und Beispiele will ich meine Feinde
von Herzen lieben. Verzeihe auch mir

alle Unbilden, die ich Dir jemals durch meine Sünden zugefügt habe. Amen.

Der Priester klopft an seine Brust und spricht: Nobis quoque peccatoribus. —
Jesus verspricht dem büßenden Schächer das Paradies.

Herr Jesu Christe! der Du dem reumüthigen Schächer das Paradies gnädig versprochen hast: verleihe mir eine wahre, herzliche Reue über alle meine begangenen Sünden und laß mich einst, wenn mein Geist diese Erde verläßt, die trostreichen Worte von Dir hören: „Heute wirst du bei Mir sein im Parbadiese.“ Amen.

Der Priester spricht das Pater noster. —
Jesus empfiehlt seine Mutter dem Jünger Johannes.

Liebevollster Heiland! der Du am Kreuze hangend deine heilige Mutter dem Jünger — der dein Liebling war — und diesen deiner heiligen Mutter empfohlen hast: ich bitte Dich, laß auch mich den mütterlichen Schutz und

Beistand deiner heiligsten Mutter empfinden, sowohl jetzt in diesem Leben
als auch und vorzüglich in jener letzten
Stunde, von welcher meine ganze Ewigkeit abhängt. Amen.

Der Priester zertheilt die heilige Hostie. —
Jesus stirbt am Kreuze.

Jesu Christi, Du Heiland der Welt!
Du hast um meines Heiles willen einen
bittern und schimpflichen Tod am Kreuze
ausgestanden: o verleihe mir die Gnade,
daß ich einst eines glücklichen Todes
sterbe. In deine Hände, o Jesu, empfehle ich meinen Geist, gleichwie Du
den deinigen in die Hände deines Vaters empfohlen hast. Amen.

Der Priester läßt einen Theil der zerbro-
chenen heiligen Hostie in den Kelch hinab. —
Jesus steigt hinab in die Vorhölle.

Jesu Christe! dessen heiligste Seele,
nachdem sie sich von deinem heiligen
Leibe getrennt hatte, alsogleich in die
Vorhölle hinabgestiegen ist, die Seelen

der Gerechten zu erfreuen und sie aus
der Gefangenschaft zu erlösen: laß auch
jetzt, o göttlicher Heiland und Selig=
macher! die Kraft deines bittern Lei=
dens und Sterbens den leidenden
Seelen im Fegfeuer zu Theil werden,
damit sie endlich, von allen Qualen
erlöset, zu Dir gelangen und Dich
ewig loben und preisen mögen. Amen.

Der Priester klopft an seine Brust und
spricht: Agnus Dei 2c. — Bei dem An=
blicke, wie geduldig Christus sein Leiden trug,
befehrten sich einige verstockte Sünder.

Liebreichster Jesu! die bewunde=
rungswürdige Geduld, welche Du wäh=
rend deiner großen Leiden bis an das
Ende bewiesen, hat manche verstockte
Herzen erweicht und zur Erkenntniß
deiner Gottheit und zur Reue über
ihre Sünden bewegt: erweiche auch,
ich bitte Dich, mein hartes und un=
bußfertiges Herz, damit ich in leben=
diger Erkenntniß deiner unendlichen
Größe und Güte alle meine Sünden

herzlich bereue. O Du Lamm Gottes, welches Du hinwegnimmst die Sünden der Welt, erbarme Dich meiner!

Der Priester genießt den Leib und das Blut Jesu Christi in der heiligen Communion. — Jesus wird vom Kreuze abgenommen und begraben.

Jesu, mein Herr und Heiland! Du hast Dich vom Kreuze herabnehmen und in ein neues Grab legen lassen: wie sehr wünschte ich jetzt deiner lieb= reichen Einladung zu entsprechen und Dich in mein Herz aufzunehmen. Aber wie unbegrenzt auch immer deine Milde ist, so befinde ich mich doch nicht in der Fassung, daß ich es wagen dürfte, deinem heiligen Altare mich zu nahen. Von heiligem Schauer erfüllt, rufe ich tiefgebeugt aus: „Herr, ich bin nicht würdig, daß Du eingehest unter mein Dach!" — Wie jedoch jener Haupt= mann vertrauensvoll zu Dir flehte und erhört wurde, ebenso rufe auch ich:

„O Herr, sprich nur ein Wort, und meine Seele wird gesund werden." Ach! versage mir deinen Gnadenbei= stand nicht und verleihe mir eine voll= kommene Reue über alle meine Sün= den und Missethaten, auf daß ich wür= dig werde, Dich zu empfangen. Schaffe in mir ein neues Herz, bereite es nach deinem Wohlgefallen und laß mich bald Antheil nehmen an deinem erquicken= den und stärkenden Gastmahle, nach welchem ich so großes Verlangen trage.

Die Seele Christi. Die Seele Christi heilige mich; dein Leib, Herr Jesu! speise mich; dein theures Blut tränke mich; das Wasser aus deiner Seite wasche mich; dein bitteres Lei= den stärke mich; o gütigster Jesu, er= höre mich; in deine heiligsten Wunden verberge mich; in dein süßes Herz verschließe mich; von Dir laß nimmer scheiden mich; vor dem bösen Feinde beschütze mich; in der Todesstunde rufe mich; zu Dir alsdann laß kommen

mich); damit ich könne loben Dich mit
deinen Auserwählten ewiglich. Amen.

(Vom heil. Ignatius.)

Der Priester geht auf die Epistelseite und
betet. — Jesus steht von den Todten auf.

Jesu, mein Heiland und Erlöser,
Du bist am dritten Tage aus eigener
Kraft glorreich von den Todten auf=
erstanden: verleihe mir durch die Kraft
dieses heiligsten Meßopfers, daß auch
ich jetzt zu einem neuen, Dir wohlge=
fälligen Leben auferstehe und in sol=
chem beständig beharre. Amen.

Der Priester wendet sich zum Volke und
spricht: Dominus vobiscum! — Jesus er=
scheint seinen Aposteln und spricht: „Der
Friede sei mit euch!“

Liebreichster Jesu! der Du deine
trauernde Mutter und die Apostel mit
unaussprechlichem Troste erfüllt hast,
da Du ihnen gleich nach deiner Auf=
erstehung glorreich erschienest und den
Frieden anwünschtest; verleihe, daß
auch ich Dich einstens in deiner Herr=

lichfeit anschaue und in Glückseligkeit
und ewigem Frieden Dich mit allen
Heiligen loben und preisen kann. A.

Der Priester spricht die letzten Gebete auf
der Epistelseite. — Jesus bleibt noch vierzig
Tage nach seiner Auferstehung bei seinen
lieben Jüngern.

Gütigster Jesu! Du hast nach dei=
ner Auferstehung noch vierzig Tage
lang deinen Jüngern erscheinen und
sie liebreich unterrichten wollen: gib
mir die Gnade, daß ich alle Lehren,
die Du mir durch innerliche Einspre=
chungen des heiligen Geistes oder äußer=
lich durch Prediger, Beichtväter und
ähnliche Mittel liebreich ertheilest, treu
erfülle, und verbleibe mit deiner Gnade
bei mir bis an das Ende meines Le=
bens. Amen.

Der Priester spricht das letzte Dominus
vobiscum. — Jesus fährt glorreich zu
seinem Vater in den Himmel.

O Jesu! der Du in Gegenwart
deiner getreuen Jünger und deiner

6

liebenden Mutter glorreich in den Him=
mel gefahren bist, wo Du sitzest zur
Rechten deines Vaters; gib mir die
Gnade, daß ich alles Irdische verachte
und mich um das Himmlische ernstlich
bewerbe. Du bist jetzt mein Fürspre=
cher bei dem himmlischen Vater; Dir
ist gegeben alle Gewalt im Himmel
und auf Erden: auf Dich hoffe und
vertraue ich: o laß mich nicht zu
Schanden werden! Amen.

Der Priester segnet das Volk und liest das
letzte Evangelium. — Jesus sendet vom
Himmel herab den heiligen Geist.

Mildester Heiland und Erlöser,
Jesu Christe! Du hast vom Himmel
herab über die Deinigen den heiligen
Geist gesendet und sie mit allen Gaben
und Erleuchtungen reichlich erfüllt: ich
bitte Dich, reinige das Innerste meines
Herzens von Allem, was deiner gött=
lichen Majestät mißfällig ist, und mache
dasselbe zu einer Wohnung eben dieses
heiligen Geistes, damit ich durch seine

Gnadenwirkung getröstet, gestärkt und zum ewigen Leben geleitet werde. A.

### Gebet nach der heiligen Messe.

Himmlischer Vater! nimm das Opfer, welches der Priester zum Ge= dächtniß des Leidens und Sterbens Jesu Christi am Altare Dir darge= bracht hat, gnädig auf in Vereinigung mit demjenigen Opfer, welches dein geliebter Sohn, mein Erlöser Jesus Christus, auf dem Kreuzaltare zum Heile der ganzen Welt ehemals ver= richtet hat. Verzeihe mir alle Mängel und Fehler, welche ich bei dieser hei= ligen Feier begangen habe, und laß mir jene Gnaden zu Theil werden, welche Du denen mittheilst, die diesem heiligen Opfer mit Andacht beiwohnen.

Jesu Christe! ich bitte Dich in Demuth meines Herzens, durch die unendlichen Verdienste deines bittern Leidens und Sterbens, durch den un= schätzbaren Werth deines heiligen Blu=

tes und durch Alles, was Du mir und allen Menschen zu Liebe gethan und gelitten hast, erbarme Dich meiner jetzt in diesem Leben und sei mein Schutz und Beistand am Ende meiner irdischen Laufbahn. Amen.

## Messandacht zu Ehren der aller-seligsten Jungfrau Maria.

### Zum Eingange.

Liebenswürdigster Heiland! Du hast für unsere Erlösung so Vieles ge-than und gelitten und am Ende woll-test Du noch eines so sehr schmerzhaften und schmachvollen Todes sterben, um uns von dem ewigen Tode zu befreien. Gib mir deine Gnade, daß ich jetzt deine Liebe recht innig erwäge — jetzt, da auf dem Altare unblutiger Weise jenes Opfer erneuert wird, welches Du blutiger Weise auf dem Calvarienberge dargebracht hast.

Bei dieser heiligen Handlung will ich auch ganz besonders an dich, o Maria, mich erinnern. Du bist ja am Fuße des Kreuzes unsere Mutter geworden; du hast ja selbst so unnennbare Schmerzen gelitten, hast ja deinen einzigen Sohn zum Opfer für uns hingegeben — so daß wir dich deshalb als die wahre Mitwirkerin unserer Erlösung verehren.

Göttliche Mutter! erlange mir doch die Gnade, daß ich die erhabenen Geheimnisse, welche jetzt vor meinen Augen vollbracht werden, ehrerbietigst mitfeiere und daraus großen Nutzen für mein Seelenheil ziehe. Bringe mich mit Jesus dem ewigen Vater zum Opfer dar. Lehre mich, mich selbst aufzuopfern — mit Jesus, in Jesus und nach deinem eigenen Beispiele.

Wie glücklich fühle ich mich, daß ich dem Herrn dieses Opfer von unendlichem Werthe darbringen kann —

als das Ihm wohlgefälligste Opfer der
Anbetung, des Dankes und der Ver=
söhnung, ja auch als das wirksamste
Bittopfer für die Lebendigen und Ab=
gestorbenen. Insbesondere will ich jetzt
Gott danken für alles das Große,
was Er an Maria gethan hat — für
alle die Gnaden, womit Er sie in der
Zeit geschmückt hat und womit Er sie
jetzt auf ewig überhäuft.

### Beim Stufengebet.

Jetzt sehe ich den Priester an den
Stufen des Altars; er bekennt seine
und des ganzes Volkes Sünden —
und ruft zu Gott um Verzeihung, um
Gnade und Erbarmen. Ach! auch ich
fühle die Last meiner Missethaten; die
Zahl meiner Sünden ist groß. Es ist
meine Schuld, meine Schuld, meine
größte Schuld, daß ich meinen besten
Gott und Heiland so oft und so schwer
beleidigt habe.

O Vater im Himmel! laß Dich

erweichen durch das heiligste Blut Jesu
Christi. Sei mir gnädig durch die
frommen Bitten, welche Maria, die
Zuflucht aller reumüthigen Sünder,
für mich an Dich richtet.

Du aber, o mitleidige Mutter!
empfehle mich bei dem Allmächtigen
und erhalte mir durch deine Fürsprache
eine wahre Reue über alle meine Sün=
den, einen kräftigen Vorsatz, mich zu
bessern, und eine vollkommene Ver=
söhnung mit Jesus, deinem vielgelieb=
ten Sohne. Seine Barmherzigkeit
währet ja — nach deinem eige=
nen Worte — von Geschlecht zu
Geschlecht; o so bitte, daß Er diese
Barmherzigkeit auch gegen mich er=
weise.

Herr, erbarme Dich unser!
Christe, erbarme Dich unser!
Herr, erbarme Dich unser!

### Beim Gloria.

Ehre sei Gott in der Höhe! Ich lobe und preise den dreieinigen Gott, daß Er die allerseligste Jungfrau zur Mutter unsers Erlösers auserwählt und dieselbe mit so großer Weisheit, Macht und Güte geziert hat.

Und Ihm, dem eingebornen Sohne des Vaters, — Ihm, dem Könige des Himmels und der Erde, — Ihm, dem Lamme Gottes, welches die Sünden der Welt hinwegnimmt — Ihm sei Ehre, Anbetung und Danksagung von allen Geschöpfen in Ewigkeit! Er ist allein heilig, allein der höchste Herr, allein groß — und mächtig, um in seinem Blute uns mit Gott dem Vater auszusöhnen und uns den Himmel zu eröffnen.

O daß ich doch diesen göttlichen Erlöser besser erkennen und auch inrünstiger lieben möchte! O daß auch ͡h in Wahrheit ein Mensch eines gu-

ten Willens wäre! Dann, ja dann
würde auch mir jener Friede zu Theil,
den die Engel bei der Geburt so
freudig ankündeten — jener Friede,
der aus Gott ist und der in's Herz eine
Seligkeit legt, die unbegreiflich groß ist.

### Bei den ersten Gebeten des Priesters.

Unendlich gütiger Gott! Du hast
das unbefleckte Herz der allerseligsten
Jungfrau Maria den Sündern zur
Zufluchtsstätte bereitet. In aller Andacht verehre ich dieses liebevolle Herz,
das durch seine Milde und Barmherzigkeit dem göttlichen Herzen Jesu,
deines Sohnes am ähnlichsten ist. Verleihe aber gnädigst, o barmherziger
Vater! daß ich durch die Fürbitte Mariä jene Gnaden erhalte, die mir am
nothwendigsten sind, damit ich von den
Uebeln des gegenwärtigen Lebens befreit werde und einst im Himmel der
ewigen Glückseligkeit mich erfreuen
könne.

Verleihe auch, o barmherziger Va=
ter! daß die Liebe zu dieser glorrei=
chen Jungfrau in mir und in allen
Christen immer mehr entzündet werde
und so die Verehrung dieser heiligsten
Gottesmutter immer schöner und glän=
zender sich offenbare. Laß mich und
meine Mitchristen durch Maria mit
Jesus, deinem göttlichen Sohne, und
durch Ihn und sie mit Dir immer
inniger in Liebe vereinigt werden;
darum bitte ich Dich durch eben diesen
unsern Herrn Jesum Christum. Amen.

### Bei der Epistel und dem Evangelium.

Göttlicher Heiland! gib, daß mein
Geist aufmerksam sei auf alle die Wahr=
heiten, die in deinen heiligen Schriften
enthalten sind und welche mir durch die
Priester deiner heiligen Kirche verkündet
werden. Diese Wahrheiten laß mich
auch gelehrig und bereitwillig in das
Herz aufnehmen. Flöße mir jene Ge=
fühle der Andacht und Ehrfurcht ein,

womit deine hochheilige Mutter alle
jene Worte anhörte, die aus deinem
göttlichen Munde hervorkamen.

O Maria! du haſt die Worte
Gottes auch ſorgfältig in deinem Her=
zen bewahrt und dieſelben eifrigſt aus=
geübt, ſo daß du glückſelig geprieſen
wurdeſt — eher deßwegen, als weil
dir die Würde einer Gottesmutter zu
Theil geworden. Erlange mir die
Gnade, daß ich nach deinem Beiſpiele
die Lehre deines göttlichen Sohnes ge=
treu befolge und dieſelbe zur Richt=
ſchnur meines Wandels und zum Troſte
meines Lebens mache.

### Beim Credo.

Ich glaube, o mein Gott, alle die
Wahrheiten, welche Du durch deine
heilige katholiſche Kirche zu glauben
vorſtellſt; ich glaube auch insbeſondere
in demüthigſter Unterwürfigkeit des
Geiſtes alles das, was dieſe heilige
Kirche von den erhabenen Vorzügen

und Eigenschaften der göttlichen Mutter
lehrt. Ich glaube und bekenne, daß
Maria ohne alle Makel der Sünde ist
empfangen worden; daß sie wahrhaft
Mutter Gottes und unversehrte Jung=
frau zugleich ist; daß sie wegen dieser
ihrer göttlichen Mutterschaft eine ganz
besondere, ihr allein gebührende Ver=
ehrung verdient; ich glaube, daß Gott
allein über diese unvergleichliche Jung=
frau erhaben ist und daß Alles, was
nicht Gott ist, unter ihrer Herrschaft
steht; daß sie die Königin der Engel,
der Heiligen und der Menschen, die
Gebieterin der Welt, die Mutter der
Gläubigen, die Ausspenderin aller Gna=
den, die Zierde der Kirche, die Geißel
der Irrlehrer, der Schrecken der hölli=
schen Geister ist.

Um diese großen Vorzüge und
Herrlichkeiten Mariä, so viel in meinen
Kräften liegt, zu verehren, will ich
alle Tage meines Lebens die Pflichten
der Ehrfurcht, des Gehorsams und der

Liebe gegen diese beste Mutter zu er=
füllen suchen. Den ruhmvollen Titel
eines Kindes Mariä will ich hoch=
schätzen und das auch befolgen, was
derselbe mir auferlegt.

Du aber, o Maria! bitte für mich,
daß ich meine Vorsätze auch in's Werk
setze. Erflehe mir vor Allem aus einen
lebendigen Glauben, der durch keine
Versuchungen oder Trübsale erschüttert
werde, sowie auch dein Glaube durch
die Erniedrigungen und Leiden Jesu
nicht im mindesten wankend wurde.

## Bei der Opferung.

Jetzt bringt der Priester dem himmli=
schen Vater Brod und Wein dar —
diese reinen Opfergaben, welche bald
in den heiligsten Leib und das kost=
barste Blut Jesu Christi verwandelt
werden. Mit diesem heiligen Opfer
vereinige ich mein Herz und meine
Seele mit allen ihren Kräften und
Neigungen und mit Allem, was ich

bin und habe. Sieh' gnädig herab, o
Herr, heiliger Vater! auf die Opfer=
gaben des Priesters und auf mein ei=
genes Opfer, wie Du wohlgefällig
herabgesehen hast auf jene Gaben, die
Maria zugleich mit ihrem geliebten
Kinde, deinem eingebornen Sohne, Dir
im Tempel darbrachte.

In deine Hände aber, o Mittlerin
unseres Heiles! lege ich dieses mein
Opfer. Dir übergebe ich mich ganz
mit Leib und Seele — und bitte dich,
du wollest mich armen, elenden und
sündhaften Menschen Jesu Christo,
deinem Sohne, zum Opfer bringen.
Durch dich nehme mich Derjenige auf,
der uns durch dich ist gegeben worden.
Deine Unschuld entschuldige meine große
und vielfältige Schuld; deine Gott an=
genehme Demuth erlange mir Ver=
zeihung meiner Eitelkeit und Hoffart;
deine inbrünstige Liebe und fruchtbare
Tugend erwecke auch mir die göttliche

Liebe und die Fruchtbarkeit in guten Werken.

Maria, opfere deinem allerliebsten Sohne meinen Verstand, auf daß ich Ihn als den Weg, die Wahrheit und das Leben immer besser erkenne. Opfere Ihm mein Gedächtniß, damit ich die unendliche Liebe, womit Er uns geliebt hat, nie vergesse; opfere Ihm meinen Willen und mein ganzes Herz, damit ich wahrhaft Gott liebe und seine Ge= bote getreu erfülle. So empfehl' mich deinem Sohne! So stelle mich deinem Sohne vor, o allerseligste Jungfrau Maria!

### Bei der Präfation.

Mit dem Priester am Altare rufe ich jetzt in heiliger Freude aus:

Wahrhaft, es ist billig und recht, daß wir Dich, o Herr, heiliger Vater! allmächtiger, ewiger Gott! immer und überall loben und dankbar preisen. O wie viele Gnaden hast Du der ganzen

Welt erwiesen — durch Jesum Chri=
stum, deinen Sohn! Und Er ist ja
durch Mitwirkung des heiligen Geistes
aus der unbefleckten Jungfrau Maria,
ohne Verletzung ihrer Jungfrauschaft,
geboren worden. Dank sei Dir daher
auch für alles das, was Du durch
die Vermittlung dieser gnadenvollen
Mutter deines Sohnes zu unserem
Heile gethan hast!

O möchte doch mein Dank feuriger,
meine Anbetung inniger und ehrfurchts=
voller sein! Ich will wenigstens thun,
was ich kann: ich vereinige mich näm=
lich mit Maria und allen himmlischen
Heerschaaren und rufe mit ihnen in
Andacht:

Heilig, heilig, heilig bist Du, o
Herr, Gott Sabaoth! Himmel und
Erde sind voll von deiner Herrlichkeit.
Ehre sei Dir in der Höhe! Gebene=
deit sei, der da kommt im Namen des
Herrn — Jesus Christus, der Sohn
Mariä, hochgelobt in Ewigkeit! —

### Bei der Stillmesse.

Ja es nahet der hochheilige Au=
genblick, da dieser göttliche Heiland auf
den Altar herabkommt, um das Opfer
seines heiligen Kreuzes auf geheimniß=
volle Weise zu erneuern und seine un=
endlichen Verdienste uns mitzutheilen.
Siehe denn jetzt, o barmherziger Va=
ter! mit Wohlgefallen auf dieses große
Opfer herab und erbarme Dich unser.

Ich bitte für die ganze heilige ka=
tholische Kirche, für den römischen
Papst, für die Bischöfe und alle recht=
gläubigen Christen. Besonders gedenke
gnädig, o Herr! aller jener, für die
ich Pflicht habe zu beten, die für mich
beten und die sich in mein Gebet em=
pfohlen haben. Mache sie alle theil=
haftig der Früchte dieses göttlichen
Opfers, das Dir im Namen Aller
dargebracht wird.

Nimm, o Herr! dieses unser Opfer
mit Wohlgefallen an, ordne unsere

7

Tage in deinem Frieden, laß uns vor
der ewigen Verdammniß bewahrt und
der Heerde deiner Auserwählten bei=
gezählt werden. Um alle diese Gnaden
bitten wir Dich durch Jesum Chri=
stum, unsern Herrn: ja wir bitten
darum auch durch die Verdienste und
die Fürbitten aller deiner Heiligen und
ganz besonders durch jene der seligsten
Jungfrau Maria. O erhöre die Ge=
bete und Seufzer, welche diese heiligste
Mutter neben dem Kreuze Jesu für
unsere Erlösung zu Dir schickte — und
gewiß hört sie niemals auf, dort oben
bei deinem Throne für uns zu bitten.

### Bei der heiligen Wandlung.

Jesus, Du Sohn Gottes! o Jesus,
Du Sohn Mariä! Ich glaube an
Dich — ich hoffe auf Dich — ich liebe
Dich von ganzem Herzen! Wahrer
Gott und Mensch, hier unter der Ge=
stalt des Brodes verborgen! ich ver=
ehre Dich und bete Dich in tiefster

Demuth an — als meinen Gott und Heiland. Sei mir gnädig — erbarme Dich meiner!

Sei mir gegrüßt, o kostbarstes Blut unserer Erlösung! Reinige mich von allen meinen Sünden und stärke mich zu allem Guten!

Könnt ich Dich jetzt so anbeten, o Jesus, wie es deine Mutter gethan hat, als sie das erste Mal Dich in der Krippe erblickte, und damals, als sie Dich am Kreuze leiden und sterben sah! —

### Nach der heiligen Wandlung.

Himmlischer Vater! mit gnädigem und mildem Antlitze schaue jetzt auf diese Opfergaben herab. Nimm dieses heilige Opfer, diese unbefleckte Hostie huldvoll an. Es ist ja Jesus selbst, der Sich Dir darbringt und den wir im dankbaren Andenken an sein heiliges Leiden, sowie auch an seine Auferstehung von den Todten und an seine

glorreiche Auffahrt in den Himmel
Dir aufopfern.

Dieses unbefleckte und reine Opfer
sei uns wahrhaft das Brod des ewi=
gen Lebens und der Kelch des immer=
während Heiles! Barmherzigkeit, Se=
gen und alle uns nöthigen Gnaden
verleihe uns im Namen Jesu, deines
geliebten Sohnes!

Gedenke auch in väterlicher Milde
derjenigen, welche uns mit dem Zei=
chen des Glaubens vorangegangen sind
und in den Peinen des Fegfeuers zu
ihrer Reinigung noch aufgehalten wer=
den. Erbarme Dich besonders der=
jenigen, für welche ich zu beten eigene
Verpflichtung habe ..... auch aller
derer, die während ihres Lebens die
göttliche Mutter mehr verehrt haben,
sowie derer, die am nächsten ihrer Er=
lösung sind und die am meisten zu
leiden haben. Gib ihnen allen die
ewige Ruhe und die ewige Seligkeit!

Du selbst, o Maria! siehe auf diese

deine Kinder und lindere ihre Schmer=
zen. Oeffne ihnen bald die Pforten
des Himmels und zeige ihnen Jesum,
die gebenedeite Frucht deines Leibes.

Bitte aber auch für uns, gütigste
Jungfrau Maria! Jetzt ist ja derselbe
Jesus auf dem Altare gegenwärtig,
der einst auf dem Kalvarienberge für
uns gestorben ist. O gedenke jenes
Wortes, das Er zu dir sprach: „Weib,
siehe deinen Sohn!" So bist du
zur Mutter aller Menschen, auch zu
meiner Mutter ernannt worden. O
nimm mich an als dein Pflegkind und
zeige dich allzeit als meine gute Mut=
ter und mächtige Beschützerin.

### Beim Pater noster.

Welch ein Trost: Maria ist meine
Mutter! Aber noch mehr; Gott so=
gar, den ewigen, unendlich großen
Schöpfer Himmels und der Erde —
Ihn darf ich Vater nennen! Möge
denn doch mein ganzes Leben, sowie

dieß die göttliche Mutter gethan hat, dazu verwendet werden, deinen heiligen Namen, o Vater! zu verherrlichen und in Allem deinen Willen in Liebe zu erfüllen!

Hilf mir dazu mit deiner Gnade und verleihe, daß ich alle Versuchungen überwinden und das Reich deiner Liebe immer mehr in mein Innerstes verpflanzen könne. Gib mir auch ein liebevolles Herz gegen meine Mitmenschen, selbst gegen meine Feinde; ertheile mir immer, was zu meinem Lebensunterhalt nöthig ist, und befreie mich von allem Uebel, besonders von dem größten und einzigen Uebel der Sünde.

### Bei der Communion des Priesters.

Siehe, da liegt auf dem Altare der lebendige Leib unsers Herrn Jesu Christi! Es ist derselbe anbetungswürdige Leib, welcher unter den grausamsten Schmerzen an dem Kreuze

gegangen, welcher nachher im Grabe
gelegen und bald darauf glorreich wie=
der von den Todten auferstanden ist.
Diesen heiligsten Leib des Herrn und
sein kostbarstes Blut genießt nun der
Priester; ich aber stehe ferne von die=
sem göttlichen Gastmahle. O wäre
ich doch so glücklich, dieses Manna
des Himmels, diese Speise der Engel,
heute recht würdig zu empfangen.

Komm', o Jesu! komme wenig=
stens geistiger Weise in mein armes
Herz und ernähre mich zum ewigen
Leben. Die bloße Berührung des
Saumes von deiner Kleidung heilte
ja die körperlichen Krankheiten: was
wird nicht die gläubige Berührung dei=
nes heiligen Leibes vermögen, sei es
auch nur in einem herzlichen Verlan=
gen?! Ja, Herr! sprich nur ein Wort
und meine Seele wird gesund. Ich
bin verwundet; heile mich. Ich bin
schwach; stärke mich.

Du aber, o heilige Jungfrau, du

lebendiger Tabernakel des fleischgewor=
denen Wortes! erflehe mir nur auch
einen Theil von jenen Gefühlen der
Andacht und Liebe, womit du den
Sohn Gottes bei seiner Menschwer=
dung in deinem keuschesten Schooße
empfangen und später auch bei der
heiligen Kommunion in dein Herz auf=
genommen hast. O Maria! verhüte
es doch durch deine Fürbitte, daß ich
niemals unwürdig von diesem heiligen
Tische esse; vielmehr bewirke, daß ich
nur mit reinem Herzen und gläubigem
Sinn zu diesem wunderbaren Sakra=
ment jedesmal hinzutrete.

### Zum Schlusse der heiligen Messe.

Vollbracht ist nun das heilige Opfer;
Gott sei Dank, daß ich demselben bei=
wohnen konnte! Möge es doch vor
Gott Wohlgefallen finden — und Ihm
zu größerer Ehre, auch zur Freude
und Verherrlichung der allerseligsten
Jungfrau, sowie den Gläubigen allen

zum leiblichen und geistigen Nutzen gereichen!

O Gott, von welchem aller Segen und jede gute Gabe kommt! durch die Hände deines Priesters segne mich und alle Umstehenden an Leib und Seele und verleihe barmherzig, daß wir die Früchte des heiligen Meßopfers er= langen und beständig in uns bewahren mögen. Durch Jesum Christum, unsern Herrn. Amen.

Es segne mich der allmächtige Gott † Vater, † Sohn und † heilige Geist! Amen.

Auch dich, o Maria! begrüße ich noch einmal zum Schlusse meiner Andacht. Ich habe jetzt dem himmlischen Vater deinen geliebtesten Sohn auch zu deiner Ehre aufgeopfert! ebenso habe ich Ihm Dank gesagt, daß Er mir Jesum zum Hei= land und dich zur Mutter und Mitt= lerin gegeben hat.

Maria, aus welcher das ewige Wort Fleisch geworden! ich bitte auch

dich um deinen Muttersegen. Laß
mich nicht von diesem Altare weg=
gehen, ohne mich deiner Liebe und
deines Schutzes vorher zu versichern.

Heilige Maria, Mutter Gottes!
bitte für mich — jetzt und in der
Stunde meines Absterbens. Amen.

---

## Messandacht zum Troste der Verstorbenen.

### Zum Eingange.

„Es ist ein heiliger und heilsamer Ge=
danke, der Verstorbenen zu gedenken und
für sie zu beten, auf daß sie von ihren
Sündenstrafen erlöst werden.'

Dieses sagt uns dein heiliges Wort, o
Vater der Erbarmungen und Gott
alles Trostes! und deßhalb nahe ich
mich mit Zuversicht deinem heiligen
Altare, um durch die Hände des Prie=
sters Dir das Theuerste, was Himmel
und Erde besitzet, deinen eingebornen

Sohn, das ewige Wohlgefallen deines väterlichen Herzens, aufzuopfern und im Vertrauen auf seine unendlichen Verdienste deine unbegrenzte Barmherzigkeit anzuflehen für das Heil der am Läuterungsorte leidenden Seelen; auf daß Du Dich ihrer erbarmest, sie gemäß deinem untrüglichen Worte von ihren Sündenstrafen befreiest und sie aufnehmest in das Reich des Lichtes, des Friedens und der Erquickung.

Herr, erbarme Dich ihrer!

Christe, erbarme Dich ihrer!

Herr, erbarme Dich ihrer!

Heiliger, dreeiniger Gott, gib ihnen die ewige Ruhe, und dein beseligendes Licht leuchte ihnen wie deinen Heiligen in Ewigkeit.

### Zur Collect und Epistel.

Barmherziger Gott und Vater! erhöre in Gnaden unser demüthiges Flehen, das wir Dir für die am Orte der Läuterung leidenden Seelen dar-

bringen. Wir bitten Dich um Erbar=
men für alle, insbesondere aber für
meine Verwandten und Bekannten,
Freunde und Wohlthäter, auf daß Du
sie Gnade finden lassest vor deinem
Angesichte. Laß bald an ihnen Allen
wahr werden, was Du in deinem
göttlichen Worte geoffenbaret hast.
„Selig sind die Todten, welche im
Herrn verschieden sind; von nun an,
spricht der Geist, sollen sie ausruhen
von ihren Beschwerden." Offenb. 14, 13.

Erfülle dieses an ihnen Allen, o
Gott und Vater! um Jesus Christus,
deines Sohnes willen. Amen.

### Beim Evangelium.

Zu jener Zeit sprach Jesus zu
Martha: „Ich bin die Auferstehung
und das Leben; wer an Mich glaubt,
der wird leben, wenn er auch gestor=
ben ist." Und „wer da lebt und an
Mich glaubt, der wird nicht sterben
in Ewigkeit." Joh. 11, 25 u. 26.

## Bei dem Offertorium.

Allmächtiger, ewiger Gott! schaue mit Wohlgefallen herab auf das reine und unbefleckte Opfer des neuen Bundes, welches vom Aufgange der Sonne bis zu ihrem Niedergange deinem allerheiligsten Namen dargebracht wird. Laß die Reinigkeit des hier zu vollbringenden Opfers alle Unreinigkeit vertilgen, wegen welcher unsere theuren Hingeschiedenen noch fern von deiner beseligenden Anschauung, am Orte der Läuterung aufbewahrt werden. Wir opfern Dir zu ihrer Erlösung die unendlichen Verdienste Jesu Christi, seine göttlichen Vollkommenheiten und heiligen Tugenden und stellen Dir, lieber Vater! dadurch vor, wie dieser dein geliebter Sohn durch sein bitteres Leiden und Sterben für alle ihre Sünden und Schulden unendlich genug gethan hat.

### Bei der Präsation.

So blicke denn, barmherziger Vater! in der Fülle deiner Erbarmung auf dieses göttliche Versöhnungsopfer nieder und um dessen unendlichen Werthes willen sende deinen Engel, daß er den leidenden Seelen den Kerker der Finsterniß öffne, die Bande ihrer Gefangenschaft löse und sie führe hinauf in die Wohnungen des Lichtes und des Friedens, in die Freiheit deiner beseligten Kinder, damit sie mit ihren verklärten Brüdern, mit den glorreichen Bürgern des Himmels, mit den Cherubinen und Seraphinen, mit den Thronen und Herrschaften, mit allen Chören der seligen Geister deinen Namen verherrlichen und im Jubel der Seligkeit den Feiergesang anstimmen und durch die ganze Ewigkeit fortsingen:

„Heilig, heilig, heilig ist Gott der Herr der Heerschaaren! Himmel und Erde sind erfüllt mit seiner Glorie und Herrlichkeit! Hosanna in der Höhe!"

Vor der heiligen Wandlung.

So erhöre denn, liebreicher Gott,
erbarmungsvoller Vater! unser inniges
Flehen, womit wir deine unbegrenzte
Barmherzigkeit für unsere lieben hin=
geschiedenen Mitgläubigen anrufen, die
unabgebüßter Fehltritte wegen noch am
Orte der Läuterung aufbewahrt wer=
den, und mit schmerzlicher Sehnsucht
dem Augenblicke entgegenharren, wo sie,
von allen Leiden und Beschwerden be=
freit, dein gebenedeites Vaterantlitz im
Jubel unaussprechlicher Wonne ewig
schauen werden. Du bist ihr Schöpfer
und auch ihr Vater und bei diesem
süßen Namen bitten wir Dich, laß
bald vollendet sein die Zeit ihrer Rei=
nigung, ersetze durch deine unermeß=
liche Barmherzigkeit, was sie deiner
strengen Gerechtigkeit noch schulden, und
erfülle noch heute ihr sehnliches Ver=
langen nach Dir und deiner beseligen=
den Anschauung im Himmel, um Je=
sus Christus, deines Sohnes willen. A.

## Bei der heiligen Wandlung.

### Bei Aufhebung der heiligen Hostie.

O Jesus, Du unser liebwerther Erlöser, der Du aus unbegrenzter
Liebe deinen allerheiligsten Leib für uns
hingegeben hast in den schmerzvollsten
Tod: erbarme Dich unser und der
leidenden Seelen! Schenke uns deine
Gnade und laß sie ausruhen von allen
ihren Beschwerden und Leiden: laß sie
heute noch bei Dir im Paradiese sein.
Amen.

### Bei Aufhebung des Kelches mit dem heiligen Blute.

Jesus, Du ewige Liebe, der Du
dein unschuldiges Blut bis zum letzten
Tropfen zur Vergebung unserer Sünden vergossen hast: erbarme Dich unser
und der leidenden Seelen! Reinige sie in
deinem Blute von allen Makeln der
Sünde, damit sie so gereinigt dort eingehen können, wohin nichts Unreines
eingehen darf. Amen.

### Nach der heiligen Wandlung.

Liebster Heiland! da wir gemäß deinem göttlichen Gebote bei diesem heiligen Opfer dein Andenken feiern, so erinnern wir uns mit dankbarem Herzen, wie Du, da Du noch hienieden wandeltest, nicht müde wurdest, allen Menschen Gutes zu thun und allenthalben Spuren deiner ewig segnenden Liebe zurückzulassen. Du bist hier auf dem Altare noch immer derselbe gütige und barmherzige Jesus und Erbarmen und Verschonen ist noch immer deine Wonne. Darum hegen wir auch das feste Vertrauen zu deiner Liebe, daß Du unser inniges Gebet für unsere verstorbenen Mitgläubigen in Gnaden anhören werdest, zumal wir wissen, daß Du um ihres und unseres Heiles willen den Tod des Kreuzes gelitten hast. So rechtfertige denn, huldreicher Heiland! unser Vertrauen, und laß die theuren Hingeschiedenen gelangen zu Dir in dein Reich, wo sie mit

8

Freuden ernten werden, was sie mit
Thränen gesäet haben. Begnadige sie
und erbarme Dich auch unser, die wir
noch hienieden im Lande der Versu=
chungen und Kämpfe pilgern und zu=
versichtlich auf deine Gnade hoffen.
Stärke uns, daß wir glücklich den
Kampf wider die Sünde bestehen und
einst würdig befunden werden, Antheil
zu erhalten an der Seligkeit deiner
Auserwählten im Lande der Lebendi=
gen. Amen.

Vater unser.

### Zum Agnus Dei.

O Jesus, Du Lamm Gottes, wel=
ches hinwegnimmt die Sünden der
Welt, sei gnädig den leidenden Seelen!
Gedenke nicht mehr ihrer Versündigun=
gen in Gedanken, sondern erbarme
Dich ihrer!

O Jesus, Du Lamm Gottes, wel=
ches hinwegnimmt die Sünden der
Welt, sei gnädig den leidenden Seelen!

Gedenke nicht mehr ihrer Versündigungen in Worten, sondern erbarme Dich ihrer!

O Jesus, Du Lamm Gottes, welches hinwegnimmt die Sünden der Welt, sei gnädig den leidenden Seelen! Gedenke nicht mehr ihrer Versündigungen in Werken, sondern erbarme Dich ihrer und schenke ihnen den Frieden im Reiche der Seligen. Amen.

### Bei der Communion des Priesters.

Ja, ihr lieben Hingeschiedenen, heute noch möge euch Friede werden im Lande der Lebendigen; heute noch mögen euch die unendlichen Verdienste Jesu Christi zu Gute kommen! Sein theures Blut reinige euch von allen Flecken der Sünde und mache euch würdig, dort einzugehen, wohin nichts Unreines eingehen kann. Die unendliche Erbarmung des himmlischen Vaters, der Friede und die Gnade des eingebornen Sohnes und der Trost des heiligen Geistes sei mit euch allen. A.

### Schlußgebet.

O Gott, Schöpfer und Erlöser aller Gläubigen! verleihe gnädigst den Seelen deiner verstorbenen Diener und Dienerinnen die Verzeihung aller ihrer Sünden und laß sie die Nachlassung ihrer Strafen, nach welcher sie so sehnlich verlangen, auf unsere demü= thige Fürbitte erhalten; der Du lebest und regierest von Ewigkeit zu Ewigkeit. Amen.

Die Seelen aller abgestorbenen Christgläubigen mögen durch die un= endlichen Erbarmungen Gottes ruhen im ewigen Frieden. Amen.

# Beichtandachten.

〜⚬⚬〜

## Erste Beichtandacht.

### Vorbereitung.

Herr, mein Gott! im Gefühle meiner Sündhaftigkeit und meines ganzen geistigen Elendes kniee ich hier vor dem Angesichte deiner göttlichen Majestät und bekenne in tiefster Beschämung meinen Undank gegen deine zahllosen Wohlthaten. Mit zerknirschtem Herzen rufe ich auf zu Dir, o Gott! verschmähe das Werk deiner Hände nicht. Ich habe freilich deinen gerechten Zorn ver-

dient, aber ich bin und bleibe ja den=
noch dein Geschöpf; ich habe mich von
Dir, dem heiligen und erzürnten Gott,
entfernt, ich flüchte aber zu Dir, dem
barmherzigen Gott und Vater.

O Gott, o Vater — o Vater der
Barmherzigkeit! Du bist's, der Du
mich rufest; Du bist's, der Du mich
im Innersten dringest, zu Dir zu kom=
men. Mein Herz ist so unruhig und
wird von so bittern Vorwürfen ge=
peinigt; nur in der Versöhnung mit
Dir, nur in der Liebe zu Dir finde
ich wieder Ruhe, Freude und Trost.

Gib mir denn deinen heiligen Geist,
auf daß ich meine Sünden in all ihrer
Größe und Bosheit recht erkenne und
meine vielfache Untreue gegen Dich,
meinen liebevollsten Gott und Vater,
schmerzlich bereue. Gib, daß ich in
dem heiligen Sakramente der Buße
meine Vergehen aufrichtig und reu=
müthig vor dem Priester bekenne,
wahre Besserung recht von Herzen ver=

spreche und dann von allen Makeln
der Sünde gereinigt werde.

Du, o Maria, Zuflucht und Ver=
mittlerin der Sünder! bitte für mich
bei deinem göttlichen Sohne, versöhne
mich mit Ihm und mache, daß ich
jetzt diese heilige Beicht zu meinem wah=
ren Seelenheile würdig und andächtig
empfange. Amen.

### Beichtspiegel oder Erforschung des Gewissens.

Halte nun — in der Gegenwart Gottes
— Gericht über dich selbst und denke
recht ernstlich nach, wie und wie oft du
gesündigt habest — in Gedanken, Worten,
Werken oder durch Unterlassung schuldiger
guter Werke, durch Vernachläßigung deiner
Standes= und Berufspflichten 2c.

#### Gegen die Gebote Gottes und der Kirche.

Gegen das erste Gebot. Wann habe
ich das letzte Mal gebeichtet? Warum habe
ich die Beichte so lange aufgeschoben? War
meine letzte Beicht gültig? oder habe ich
ungültig gebeichtet durch wissentliches Ver=

schweigen einer schweren Sünde; durch
Mangel an Reue und gutem Vorsaß? Habe
ich in solchem Zustande auch unwürdig
communizirt? —

Habe ich nicht in freiwilligen Glaubens=
zweifeln mich aufgehalten, den Glauben
verläugnet, mich desselben geschämt, über
Gott und heilige Sachen (vor Andern) ge=
spottet, irreligiöse, schlechte Bücher ge=
lesen, zu lesen gegeben, Aberglauben ge=
trieben durch Kartenschlagen, abergläubische
Gebete und dgl.? — Habe ich nicht an
Gottes Barmherzigkeit gezweifelt oder ver=
messentlich auf sie hin gesündigt? — Bin
ich nicht in Kreuz und Leiden kleinmüthig
gewesen, habe ich gegen Gott und seine
Anordnungen gemurret? — Habe ich nicht
meine täglichen schuldigen Gebete, am Mor=
gen, am Abend 2c. unterlassen oder nur
lau und schlecht verrichtet? mich nur selten
an Gott erinnert und eine gute Meinung,
Glaube, Hoffnung und Liebe zu erwecken
unterlassen? — Bin ich nicht auf die Gna=
ben Gottes und seine Gaben, auf geistige
und körperliche Vorzüge stolz gewesen, die=
selben nicht Gott, sondern mir selbst zu=
geschrieben?

Gegen das zweite Gebot. Habe
ich nicht Gott gelästert, Fluchworte ausge=

stoßen, den Namen Gottes unehrerbietig
ausgesprochen, heilige Worte zum Scherze
oder sonst unanständig gebraucht? — Habe
ich nicht falsch oder leichtsinnig geschworen?
beim Eide? — Habe ich etwa ein Gelübde
gemacht und dasselbe nicht gehalten? worin,
wie, wie oft?

Gegen das dritte Gebot. Habe ich
nicht an Sonn= und Feiertagen die heilige
Messe, die Predigten, Christenlehren, den
nachmittägigen Gottesdienst ohne rechtmäßige
Ursache versäumt? Habe ich nicht beim
Gottesdienste oder sonst in der Kirche ge=
schwätzt, gelacht, Andere gestört? — Habe ich
an solchen Tagen ohne wirkliche Noth oder
ohne rechtmäßige Erlaubniß knechtliche Ar=
beiten verrichtet oder verrichten lassen? —
Habe ich diese Tage entheiliget durch un=
nöthigen und zu langen Aufenthalt in den
Wirthshäusern, durch gefährliche Besuche,
Nachtschwärmen u. dgl.? Wie habe ich
die Kirchengebote beobachtet — in Bezug
auf die vorgeschriebenen Fast= und Absti=
nenztage? in Bezug auf die jährliche öster=
liche Beicht und Communion?

Gegen das vierte Gebot. Bin ich
als Kind, als Untergebener den El=
tern und Vorgesetzten ehrerbietig begegnet,
oder habe ich sie beleidigt, erzürnt, mit

groben Worten betrübt, sie verachtet, ihnen
Böses gewünscht? — Bin ich gegen sie un=
gehorsam und widerspänstig gewesen? —
Habe ich mich der Eltern geschämt, sie in
ihrer Noth, im Alter verlassen? — Bin
ich als Vater, Mutter, Hausherr,
Hausfrau für das geistige und leibliche
Wohl der Meinigen besorgt? — Habe ich
meine Kinder in der Religion gut erzogen? —
Habe ich Allen im Hause ein gutes Bei=
spiel — oder habe ich ihnen schlechte Bei=
spiele gegeben? worin? — Bin ich durch
zu große Nachsicht nicht Ursache gewesen,
daß die Meinigen Böses verübten oder
Gutes unterlassen haben?

Gegen das fünfte Gebot. Habe ich
nicht durch üble Laune, Ungeduld, Zorn, Un=
mäßigkeit im Essen und Trinken, Leichtsinn
oder Unsittlichkeit 2c. mir selbst am Leibe,
an der Gesundheit, an der Seele geschadet? —
Habe ich keinen Haß, Feindschaft oder Rach=
sucht gegen Andere gehegt und wie lange? —
Bin ich jetzt zu verzeihen von Herzen bereit?
— Habe ich Andere beneidet, gegen sie fal=
schen Argwohn gehabt, mich über ihr Un=
glück gefreut, über ihr Glück mich betrübt,
ihnen Uebels gewünscht? — Habe ich sie
nicht beleidigt oder gekränkt durch rohe, harte,
lieblose Worte? oder sie böswillig beurtheilt,

verläumdet und solchen Reden gern Gehör
gegeben? — Habe ich Andere werkthätig
geschlagen, verwundet? — Habe ich nicht
zur Sünde gerathen, sie befohlen, sie gelebt oder dazu still geschwiegen? — Habe
ich mich liebreich, gefällig, theilnehmend,
gutthätig gezeigt gegen meine Umgebung,
gegen Arme, Kranke re.? — Bin ich hab-
süchtig gewesen und habe mit zu großem
Eifer zeitliche Güter gesucht? — Bin ich
geizig gewesen, so daß ich auch nothwendige
und nützliche Ausgaben scheute?

**Gegen das sechste und neunte
Gebot.** Habe ich mich nicht freiwillig in
unreinen Gedanken und Vorstellungen aufgehalten und mich darin belustigt? — Habe
ich nicht die Begierde gehabt zu sündigen
mit mir oder mit Andern, mit Ledigen,
Verheiratheten re.? — nicht schmutzige, un-
ehrbare, zweideutige Reden geführt oder
gern angehört und dazu gelacht? nicht unkeusche Lieder gesungen? — Habe ich mich
nicht versündigt durch vorwitzige, lüsterne,
freche Blicke auf mich, auf Andere, auf Bilder,
Thiere? nicht schlüpfrige Bücher, wie Ro-
mane und dgl. gelesen? — Bin ich nicht
allzu eitel, unanständig oder unehrbar gewesen, in der Kleidung? zu frei im Umgange mit Personen des andern Geschlech-

tes? — Habe ich mich nicht durch unkeu=
sche Berührungen verfehlt — mit mir?
mit und an Andern? — Habe ich noch
durch andere unkeusche Werke mich versün=
digt? die Gelegenheit zur Sünde selbst auf=
gesucht oder längere Zeit freiwillig und
gern mich darin aufgehalten? — Habe ich
auch nächtliche Tänze, unzüchtige Schauspiele
und dgl. besucht und dabei Vergnügen ge=
funden?

Eheleute müssen sich auch erforschen, ob
und wie sie etwa die eheliche Keuschheit,
Ehrbarkeit oder die gegenseitige Treue ver=
letzt haben.

**Gegen das siebente und zehnte
Gebot.** Habe ich Niemanden Schaden zu=
gefügt? nicht fremdes Gut entwendet oder
vorenthalten, wo ich es hätte zurückgeben
sollen? Habe ich nicht etwas entlehnt oder ge=
kauft, wohl wissend, daß ich es nicht würde zu=
rückgeben oder bezahlen können? — Habe ich
mich nicht versündigt durch Betrügerei im
Spiel, in Handel und Gewerbe, durch Wu=
cher, durch ungerechte Prozesse? — Habe
ich nicht durch Spiel, Ueppigkeit und Schwel=
gerei meine Familie in Noth gebracht? —
Bin ich nicht hart und unbarmherzig ge=
wesen gegen Arme, Wittwen und Waisen?
Habe ich nicht den Arbeitern und Dienst=

boten ihren verdienten Lohn entzogen oder
zurückbehalten? — Habe ich nicht nach
fremdem Gute getrachtet — in der Begierde,
in den Werken selbst? etwa durch Ver-
rückung der Marken oder Grenzen?

Gegen das achte Gebot. Habe ich
nicht gelogen oder falsches Zeugniß gegeben
— im gemeinen Leben? aus Spaß? aus
Gewohnheit? vor Gericht? Ist das zum
Schaden Anderer geschehen? Habe ich nicht
Andern Böses nachgeredet, ihre Ehre und
ihren guten Namen verletzt oder ganz unter-
graben? — Habe ich den hiedurch zugefügten Schaden ersetzt?

Wenn du dein Gewissen genugsam er-
forscht hast, so bete, wie folgt:

### Reuegebet und guter Vorsatz.

Gott, Vater im Himmel! was soll
ich Dir sagen? Ach, beschämt bin ich
bei dem Anblicke meiner schweren Ver-
gehungen und vielfachen Sünden. Trotz
den ernstlichen Versprechungen, welche
ich Dir, meinem Gott und Herrn,
schon gemacht habe, bin ich gegen Dich
wieder so untreu, so undankbar, so

böse gewesen. O, erbarme Dich mei=
ner nach deiner großen Barmherzigkeit!

Es schmerzt mich von Herzen, daß
ich Dich, o bester Vater und Heiland!
beleidigt habe. Gib meinen Augen
Thränen, auf daß ich meine Bosheit
beweine; gib meinem Herzen tiefsinnige
Reue, damit ich ernstlich Buße wirke.
Ich bekenne meine Schuld, meine große
Schuld vor Dir! Ich habe gesündigt,
ich habe das kostbare Blut Jesu, dei=
nes Sohnes, meines Erlösers enthei=
ligt, ich habe deinen heiligen Geist in
mir betrübt und meine Seele verun=
reinigt. Verzeihe, verzeihe, o Vater
der Barmherzigkeit, und sei mir gnädig!

In Demuth und Unterwürfigkeit
will ich mich vor dem Priester, als
deinem Stellvertreter, anklagen, will
ihm ohne Rückhalt und offenherzig
meine Sünden beichten und auch eifrig
befolgen, wozu er mich in deinem Na=
men ermahnt. Auch opfere ich Dir
auf zur Genugthuung für meine be=

wußten und unbewußten Sünden und
zum Ersatz für meine sehr mangel=
hafte und unvollkommene Reue die
Thränen, das Leiden und den Tod
deines göttlichen Sohnes; aus Liebe
zu Jesus erlaß mir meine Sünden
und nimm mich wieder in Gnaden auf.

Siehe herab, o Herr, in deiner
Erbarmung und segne den festen Vor=
satz der Besserung, wie ich denselben
jetzt vor deiner allerheiligsten Gegen=
wart fasse. Ja ich bin aufrichtig ent=
schlossen, deine göttliche Liebe nie mehr
durch irgend eine Sünde zu beleidi=
gen, sondern Alles sorgfältig zu mei=
den, was immer deinen reinsten Augen
mißfallen kann. Nein, o mein Gott,
keine Sünde mehr! Gib mir dazu
deine allmächtige Gnade.

Und Du, o liebreichster Jesu, der
Du die reumüthigen Sünder nicht ver=
stoßen, sondern milde und gütig an=
gesehen und aufgenommen hast: siehe
auch mich mit gnädigen Augen an und

laß mir deine Barmherzigkeit zu Theil
werden. Sei mir ein Jesus, ein Er=
löser und reinige mich von allen mei=
nen Sünden. Verdamme mich nicht
als strenger Richter nach deiner Ge=
rechtigkeit, sondern mache mich selig
nach deiner Langmuth und Güte. A.

Durch dich, o heilige Gottesgebä=
rerin, laß mich bei deinem Sohne
Gnade finden und von allen Sünden
befreit werden. Maria, bitte für mich
— jetzt in dieser heiligen Stunde!

## Nach der Beicht.

Anbetung, Preis und Dank sei Dir,
o Gott der Güte und Barmherzig=
keit! Du hast meine Reue nicht ver=
schmähet, sondern mich mit Vaterliebe
wieder aufgenommen und durch das
heilige Sakrament der Buße mir alle
meine Sünden vergeben. Zerrissen sind
die Bande, welche mich an das Ver=
derben fesselten; Du hast die schwere
Schuldenlast von mir hinweggenommen

und mich wieder in deine Kindſchaft
aufgenommen. Dank, ewiger Dank ſei
Dir, o Vater! Dank ſei Dir, o Jeſu,
mein göttlicher Erlöſer, der Du in
deinem heiligſten Blute mich von mei=
nen Sünden gereinigt haſt!

O wie unverdient iſt die Gnade,
die ich jetzt von Dir, Allgütigſter,
empfangen! Wie liebreich haſt Du in
meinen Verirrungen mir nachgeſehen,
wie väterlich mich zur Rückkehr und
Beſſerung eingeladen! Und nun, nach=
dem ich wie der verlorene Sohn reu=
müthig und aufrichtig meine Sünden
vor Dir und deinem Stellvertreter be=
kannt habe, wie ſchnell, wie huldvoll
haſt Du Dich erbarmt! O Gott! Du
biſt die Liebe und es iſt deine Freude,
Dich zu erbarmen und zu beſeligen.
Nein, Du willſt nicht den Tod des
Sünders, ſondern nur ſeine Bekehrung,
damit er leben möge. Du unausſprech=
liche, Du unendliche Liebe! durchdringe
meine Seele und entflamme mein Herz,

daß ich Dich wieder liebe und aus
Liebe zu Dir die Sünde und alles
Böse hasse, verabscheue und meide.

Ja, von diesem Augenblicke an,
o mein Erbarmer! will ich Dich ewig
lieben und, so gut es mir möglich ist,
durch meinen Eifer und wahre Recht=
schaffenheit, durch kindlichen Gehorsam,
durch oft erneuertes Andenken an Dich,
durch fromme Ergebenheit in deinen
heiligen Willen, durch sorgfältige Wach=
samkeit über mich und meine Sinne,
und durch treue Erfüllung aller meiner
Pflichten das ersetzen, was ich in mei=
ner bisherigen, unglücklichen Verblen=
dung und großen Nachläßigkeit ver=
säumt habe. Du siehst in mein Herz;
Du weißt alle Dinge, o Herr! Du
weißt auch, daß es mir jetzt Ernst ist,
mich zu bessern.

Komm aber Du, o Allmächtiger,
meiner Schwachheit zu Hilfe; unter=
stütze mich in dem Kampfe gegen die
Sünde; stärke mich mit deiner Gnade,

damit ich Gewalt anwende, das Him=
melreich an mich zu reißen. Gib mir
Beharrlichkeit im Guten, damit ich in
treuer Liebe Dir ewig dienen möge.

Auch du, o seligste Jungfrau Ma=
ria! wollest dich meiner wieder auf's
Neue mit mütterlicher Milde anneh=
men. Sei meine Mutter, meine Füh=
rerin und Fürsprecherin! Bitte, o
meine Königin! bei deinem lieben Sohne,
daß Er das geringe Bußgebet, daß ich
jetzt verrichten will, als einen kleinen
Ersatz annehme für die vielen Unbil=
den, die ich Ihm zugefügt habe.

Bete nun deine auferlegte Buße.

### Nach verrichteter Buße.

O mein Gott! in Vereinigung mit
allen Bußwerken, welche je in der
ganzen Christenheit verrichtet wurden,
besonders mit jenen, die dein geliebte=
ster Sohn Jesus Christus, während
seines Lebens auf Erden, verrichtet
hat, opfere ich Dir diese mir aufer=

legte Buße auf und bitte Dich, Du
wolleſt ſie durch die Verdienſte ſeines
bittern Leidens, durch die Fürbitte der
allerſeligſten Jungfrau Maria und
aller Heiligen Dir wohlgefällig ſein
laſſen. Zur fernern Genugthuung opfere
ich Dir das allgemeine Gebet der Kirche
und alle Bußwerke derſelben, wie auch
alle Leiden, die ich je ausgeſtanden
habe und noch ausſtehen werde.

Was mir aber an meiner Vor=
bereitung, an ernſtlicher Reue, an einer
vollſtändigen Beicht, wie auch an dieſer
meiner Genugthuung gemangelt hat,
das wolleſt Du, ich bitte demüthig,
aus dem Ueberfluſſe der heiligſten Her=
zen Jeſu und Mariä erſetzen, damit
ich in ſolcher Weiſe von aller Schuld
und Sünde alſo kräftig losgeſprochen
ſei und bleibe, wie mich dein Prieſter
losgeſprochen hat auf Erden, und da=
mit ich ſo geſtärkt werde im Guten,
daß ich in die vorigen Sünden nicht
wieder zurückfalle. Amen.

## Zweite Beichtandacht.

### Anrufung des heiligen Geistes.

Gott, heiliger Geist! Geist der
Wahrheit und der Liebe! erleuchte
meinen Verstand und laß mich jetzt
alle meine Fehltritte und Sünden so
deutlich erkennen, wie ich sie einst vor
meinem göttlichen Richter erkennen
werde. Laß mich einsehen das Böse,
das ich verübt, und das Gute, das
ich unterlassen habe. Erweiche auch
mein hartes Herz, daß ich meine ganze
Sündenschuld mit innigem Schmerze
bereue und dieselbe aufrichtig und im
wahren Bußgeiste bekenne, wie es vor
Dir, dem Allwissenden, und vor dem
Priester, deinem Stellvertreter, sich
ziemt.

O gib mir ein zerknirschtes, ge-
demüthigtes Herz und erfülle dasselbe
mit deiner heiligen Liebe, damit ich,
durch das heilige Sakrament der Buße

von aller Bosheit gereinigt, für mein
bisheriges sündliches Leben genugthue
und durch einen neuen gottesfürchtigen
Lebenswandel der ewigen Seligkeit
mich würdig mache.

Auch zu dir, o allerseligste Jung=
frau und Mutter der Barmherzigkeit!
nehme ich jetzt meine Zuflucht. Du
siehst, wie meine Seele so krank ist;
o bitte für mich bei deinem göttlichen
Sohne, meinem Herrn und Heiland!
Ach, ich habe ihn so oft und so schwer
beleidigt; — erhalte mir doch die Ver=
zeihung meiner Sünden und die Gnade
einer vollständigen Besserung des Lebens.

Hier folgt die Gewissenserforschung.

### Reue und Vorsatz.
Nach dem Beispiele des verlorenen Sohnes.

Vater, ich habe gesündigt gegen
den Himmel und wider Dich; ich bin
nicht mehr werth, dein Sohn zu heißen.
Meinen bösen Begierden und Gelüsten
bin ich leider nachgegangen und habe

Dich, meinen besten und gütigsten
Vater, verlassen. So habe ich in den
Geschöpfen, in den Wohllüsten und
Gütern dieses Lebens meine Freude
gesucht, da doch nur in Dir die wahre
Freude zu suchen und zu finden ist.

Ach, aus traurigen Erfahrungen
weiß ich's nun, daß der Sünder kei=
nen Frieden in seinem Herzen hat und
daß die Sünde dem Menschen nichts als
Unruhe, Elend und Verderben bringt.
Doch — ich mache mich jetzt auf, ich
kehre zurück zu Dir, dem besten und
liebevollsten Vater. Deine Erbarmun=
gen sind ja ohne Zahl und deine Güte
— auch gegen den größten Sünder —
ist unerschöpflich und übersteigt selbst
die gräulichsten Verbrechen, wenn Du
nur Reue und Bußfertigkeit siehst.

O so rufe ich nochmal aus dem
ganzen Grunde meiner Seele: Vater,
ich habe gesündigt gegen den Himmel
und wider Dich; ich bin nicht mehr
werth, dein Sohn, dein Kind zu heißen.

Verschone aber dem verlornen Sohne,
sei gnädig dem Verirrten, dem Treu=
losen! Gib mir wieder das Kleid dei=
ner Kindschaft, das ich durch meine
Sünden so schändlich verloren habe.
Gib mir wieder den Ring deiner Liebe,
welchen ich durch meine sündliche Liebe
zu den Geschöpfen so leichtsinnig, so
sträflich weggeworfen habe.

Von Dir in Gnaden aufgenom=
men, mit solchem geistigen Schmucke
angethan — so laß mich vor dem
Tische meines Herrn, deines göttlichen
Sohnes, erscheinen, um Ihn würdig
zu empfangen und auf immer mit Ihm
und mit Dir, o Vater! vereinigt zu wer=
den. Ja in Treue will ich künftighin
Dir anhangen, deinen Willen in Allem
erfüllen und mich auf solche Weise
als dein gutes, gehorsames Kind er=
zeigen. Das ist mein ernstlicher Vor=
satz, mein fester Entschluß; segne ihn
mit deiner allmächtigen Gnade — ich
bitte darum im Namen Jesu.

### Ein anderes Reuegebet.

Nach dem Beispiele des heiligen Petrus, besonders für Rückfälle.

Zu Dir, o Jesu, kehre ich auf's Neue zurück, der ich durch meine Sünden Dich so oft verlassen habe. Ach, zu wem sollte ich gehen, als zu Dir? Ich glaube ja und bekenne es heilig und theuer: Du bist Christus, der Sohn des lebendigen Gottes. Du bist's, der Du allein Worte des ewigen Lebens hast.

Doch was sehe ich in meinem bisherigen Leben? Schon so vielmal hatte ich mir fest vorgenommen, deine Gebote zu halten und die Sünde, besonders diese .... zu meiden; aber ach, ich war wieder untreu meinen Vorsätzen und habe meinen Glauben an Dich durch meine Werke verläugnet! So ließ ich mich durch die böse Begierlichkeit und die Reize von Außen zur Sünde verlocken; ich habe leider!

die Verleugnung deines Apostels auf
die undankbarste Weise nachgeahmt.

Herr, mein Gott und Erlöser! o
blicke mitleidig auf mich, gleichwie Du
auf Petrus hinblicktest, und erbarme
Dich meiner! Du siehst meine reu=
müthige Gesinnung; vermehre aber in
mir diesen Reueschmerz und gib, daß
ich, sowie dein Apostel, fort und fort
meine Sünden beweine.

O mein Jesu! all mein Vertrauen
setze ich auf deine Barmherzigkeit, denn
sie ist ja größer als meine Sünden,
sie ist unerschöpflich und hat keine
Grenzen. Verwirf mich nicht von dei=
nem Angesichte und sage meiner armen
Seele: „Ich bin dein Heil." (Ps.
34, 4.)

Ja, sei mein Heil auch dadurch,
daß ich doch jetzt einmal ein besseres
Leben anfange. Doch wie sollte ich
das können ohne deine Gnade? Nein,
aus mir vermag ich's nicht, zur Stand=
haftigkeit im Guten zu gelangen. O

so stärke mich, daß ich nicht wieder in
die alten Sünden zurückfalle, vielmehr
jede Sünde und auch alle Gelegenheiten dazu meide. Durch dein allerheiligstes Herz bitte ich Dich, o Jesu!
nimm diese meine Reue und meinen
guten Vorsatz der Besserung wohlgefällig an. Durch den Mund deines
Priesters sprich jetzt zu mir die tröst-
lichen Worte: Dir sind deine Sünden
nachgelassen!

Und du, mitleidige Fürsprecherin
und Zuflucht der Sünder! empfiehl
deinem göttlichen Sohne meine Reue
und den guten Willen, der mich jetzt
beseelt. Versöhne mich mit dem beleidigten Erlöser, meinem künftigen
Richter. Bitte Ihn, Er wolle sich
meiner erbarmen und mir noch Zeit
zur Buße verleihen. Amen.

### Nach der heiligen Beicht.

Ich danke Dir, o Gott! für die große
Gnade, die Du mir jetzt bei der

heiligen Beicht erwiesen hast. O lobe
den Herrn, meine Seele, und vergiß
nicht aller seiner Wohlthaten. Gütigst
hat Er dir jetzt deine Sünden ver=
geben und dich vom ewigen Untergange
errettet. So ist der Herr gnädig und
barmherzig, langmüthig und von un=
endlicher Erbarmung! Ehre sei dem
Vater und dem Sohne und dem hei=
ligen Geiste — jetzt und in alle
Ewigkeit!

O göttlicher Erlöser! welch ein
heilsames Mittel hast Du in deiner
heiligen Kirche angeordnet, um unsere
Sünden zu tilgen und uns wieder mit
Dir auszusöhnen! Sei gepriesen für
die große Liebe, in welcher Du dieses
heilige Sakrament der Buße eingesetzt
hast! Sei gepriesen, daß Du jetzt
auch mir die Verdienste deines kost=
baren Blutes zugeeignet hast, — daß
Du mich in diesem deinem Blute von
der Sünde rein gewaschen, mich mit
so liebreichen Augen angeschaut und

wieder in Gnaden aufgenommen haft.
Wie soll ich's Dir vergelten? Wahr=
haft, Du bist Jesus, Du bist der Er=
löser von der Sünde und dem ewigen
Tode; Lob und Dank sei Dir!

Wenn ich aber jetzt — von jeder
Schuld und der ewigen Strafe befreit
— mit ruhigem Gewissen und in freu=
diger Dankbarkeit zu Dir, o mein
Gott, hinaufschauen darf: wie gerne,
wie eifrig will ich nun die Buße ver=
richten, welche dein Priester mir auf=
erlegt hat! O ich hätte eine viel grö=
ßere Genugthuung verdient; das We=
nige aber, das ich leisten soll, vereinige
ich mit jenen Bußwerken, welche Du,
o Jesu, für die Sünden der Welt auf
Dich genommen hast.

Hier bete andächtig die dir auferlegte
Buße.

O mein Gott! das Gebet, das
ich jetzt verrichtet habe, sei Dir ein
wohlgefälliges Opfer. Es ist dasselbe
freilich ein äußerst geringes Opfer;

aber statt auf dieses zu achten, siehe
vielmehr auf die Wunden Jesu, deines
Sohnes! Siehe auf seine Blutstropfen
und Thränen, siehe auf all' sein Lei=
den, das Er auf dem Kalvarienberge
aus Liebe zu uns ausgestanden. So
sei Jesus mein Opfer der Buße und
der Genugthuung! In Ihm, in Ihm
allein liegt ja alle meine Hoffnung,
all' mein Heil.

Erhöre nun doch diese Bitte, o
mein Gott! Ich bin zwar jetzt zu
allem Guten fest entschlossen; doch wie
schwach, wie gebrechlich sind meine
Vorsätze! wie vielmal habe ich Dir
schon Besserung versprochen und ich
habe leider mein Wort nicht gehalten!
Auch fühle ich's gar wohl, daß die
Besserung mich Mühe, große Mühe
kosten wird; — auch die verführeri=
schen Reize böser Menschen und die
Lockungen der Sinnlichkeit und der
Weltlust — das alles wird wieder

auf mich losstürmen und mich zum
Falle bringen wollen.

. Doch nein, allmächtiger Gott, laß
das nicht geschehen! Mit deiner Gnade
komm mir doch so zu Hilfe, daß ich
im Werke vollbringe, was ich jetzt so
aufrichtig und heilig versprochen habe.
Nein, ich will nicht wieder zur alten
Sünde zurückkehren; nachdem ich derselben jetzt abgestorben bin, will ich in
ihr nicht ferner leben. Kindliche Furcht,
Dir zu mißfallen, soll mich von jeder
Sünde abhalten und zugleich in jeder
Tugend eifrig machen. Ganz besonders
aber will ich die Sünde N. N. meiden und mich im Gebete, im Gehorsam, in der Geduld .... fleißig üben.
So will ich wider meine bösen Neigungen mit aller Entschiedenheit strei-
ten, jede Gefahr und Gelegenheit der
Sünde sorgfältig fliehen und in diesem
Kampfe nicht nachlassen, wenn's mich
auch noch so schwer ankömmt oder mir gar
unmöglich scheint. Mit deiner Gnade

vermag ich Alles; um diese Gnade
bitte ich, und ich werde auch täglich
fortfahren, inbrünstig und demüthig
um die gleiche Gnade zu bitten. O
verleihe mir die Standhaftigkeit im
Guten, denn ich weiß ja gar wohl,
was dein göttliches Wort sagt: „Nur
wer ausharret bis an's Ende, der
wird selig." (Matth. 10, 23.)

Heiligste Jungfrau Maria! durch
deine Vermittlung hat mich Gott so
barmherzig wieder angenommen. O
bitte auch ferner für mich, daß ich
meinen ganzen Lebenswandel eifrig
und standhaft bessere. Nimm mich
immer unter deinen mütterlichen Schutz
und erflehe mir die Gnade, daß ich
deinen göttlichen Sohn, meinen liebevollsten Heiland, mit keiner Sünde
mehr beleidige, sondern in seiner Liebe
lebe und sterbe, um einst die Krone
der ewigen Herrlichkeit zu erlangen.
Amen.

### Seufzer einer bußfertigen Seele vor oder nach der Beicht.

Dir, Dir allein habe ich gesündigt, o Gott! und vor Dir habe ich Böses gethan. O ich erkenne die vielen und schweren Sünden, die ich gegen Dich begangen habe; meine Ungerechtigkeit zeugt immer gegen mich. Dennoch bitte ich durch das Blut Jesu Christi: sei mir armen Sünder gnädig und barmherzig!

Mein Herr und mein Gott! ich bereue es von ganzem Herzen, daß ich Dich je beleidigt habe — Dich, den besten, den gütigsten Vater und Heiland. Habe Mitleid mit mir und verzeihe mir nach der Menge deiner Barmherzigkeit.

Ich verabscheue, ich verfluche nicht bloß jede Todsünde, sondern überdies alle läßlichen Sünden, weil ich auch durch sie Dich, den allerheiligsten Gott, beleidigt habe. Nein, keine Sünde mehr, o Gott! keine Sünde mehr! gib mir deine Gnade dazu.

Durch deinen göttlichen Sohn lehrest Du mich, Du wollest nicht den Tod des Sünders, sondern seine Bekehrung, und ebenso, es sei im Himmel eine größere Freude über die Bekehrung eines einzigen Sünders, als über die Beharrlichkeit von neunundneunzig Gerechten: o gib mir die Gnade, mich wahrhaft zu bekehren und würdige Früchte der Buße zu bringen.

Liebreichster Jesu, Du gütiger Samaritan! sieh', ich bin jener Unglückliche, der den Feinden meiner Seele in die Hände fiel; ich bin durch die Sünde so schmerzlich verwundet worden. Erbarme Dich meiner und heile meine so tödtlich verwundete Seele.

Ich komme zu Dir, o Jesu, und falle Dir zu Füßen und möchte, wie Magdalena, mit den heißesten Reuethränen alle Verirrungen meines eitlen und sinnlichen Lebens beweinen. Ersetze

Du durch dein koſtbares Blut meine
Thränen und laß mich aus deinem
göttlichen Munde jene ſüßeſten Worte
hören: Dir ſind deine Sünden
nachgelaſſen.

Jeſu, Du guter Hirt! Du weißt
es, wie ich mich, gleich jenem Schäf=
lein, verirrt habe, ach wie ich gar
verloren gegangen bin in jenem fürch=
terlichen Abgrunde, in welchen ich durch
meine Sünden mich ſtürzte: o ſuche
mich in deiner Liebe und führe mich
zurück auf den Weg deiner Gebote —
auf daß ich, in die Zahl deiner Aus=
erwählten wieder aufgenommen, deine
Barmherzigkeit ewig preiſe.

Gekreuzigter Heiland! wie jener
bußfertige Räuber, der neben Dir am
Kreuze hing, erhebe ich meine Augen
und mein Herz zu Dir empor. Du
biſt wahrhaft der König der Herrlich=
keit! O ſei meiner eingedenk in deinem
Reiche und erbarme Dich meiner. Wenn
ich auch ſpät mich zu Dir wende, nimm

mich dennoch in deiner Huld auf, gleich=
wie Du jenem Mörder noch in seiner
letzten Stunde die Aufnahme in die
Seligkeit so barmherzig und gnädig
zugesichert hast.

**Mein Jesus, Barmherzigkeit!**

Für dieses Schußgebetlein jedesmal 100
Tage Ablaß. Pius IX. 23. Sept. 1846.

O süßester Jesus, sei mir nicht
Richter, sondern Erlöser!

Jedesmal 40 Tage Ablaß. Pius IX.
11. Aug. 1851.

# Communionandachten.

◆

## Erste Communionandacht.

### Vor der heiligen Communion.

#### Glaube und Anbetung.

Jesu, mein Gott und Heiland! ich glaube fest, daß Du im hochwürdigsten Sakramente des Altars mit Leib und Seele, mit Fleisch und Blut, mit Gottheit und Menschheit unter den Gestalten des Brodes gegenwärtig bist. Am letzten Abendmahle, als Du in dein

Leiden gehen und für uns am Kreuze
sterben wolltest, hast Du dieses Ge=
heimniß der Liebe gestiftet. Du woll=
test uns nicht verlassen, sondern in
diesem Sakramente unter uns bleiben;
Du wolltest uns deinen Tod unver=
geßlich machen, darum nahmest Du
Brod und Wein und sprachst zu dei=
nen Jüngern: „Nehmet hin, esset und
trinket, dies ist mein Leib, dies ist
mein Blut; dies thut zu meinem An=
denken." So gabst Du ihnen und
allen rechtmäßigen Priestern deiner
heiligen Kirche die Gewalt, Brod und
Wein zu verwandeln in dein heiliges
Fleisch und Blut.

Wie groß ist die Liebe deines
Herzens, o mein Gott, daß Du ein
so wunderbares Mittel ersonnen hast,
um Dich uns ganz mitzutheilen und
uns mit Dir zu vereinigen! Verleihe
mir doch die Gnade, daß ich Dich,
meinen Gott und Herrn, in der Brod=
brechung wahrhaft erkenne. Entzünde

in mir das Feuer der heiligen An=
dacht, daß ich mit lebendigem Glau=
ben und in tiefster Ehrfurcht Dich
empfange.

### Demuth und Hoffnung.

O Jesu, süße und einzige Hoff=
nung aller Auserwählten! ich bin zwar
ein sündiger Mensch, ich verdiene nicht,
daß Du bei mir einkehrest. Doch nicht
einzig für die reinen Seelen, auch für
die bußfertigen Sünder hast Du dieses
heiligste Sakrament eingesetzt, um sie
mit dem Brode der Engel zu nähren
und zu stärken.

So komme denn auch ich zu dei=
nem heiligen Tische, ermuthigt durch
deine liebevolle Einladung; ja, es
drängt mich dein Befehl, zu diesem
Gastmahle des ewigen Lebens hinzu=
treten, wenn ich nicht in den ewigen
Tod versinken will. Und wie große,
wie viele Gnaden darf ich von Dir
nicht erwarten?!

Göttlicher Erlöser! ich lebe der festesten Hoffnung, Du werdest mich durch den Genuß deines heiligsten Flei= sches und Blutes von meinen Sün= den reinigen, in meinen Schwächen und Gebrechen stärken, mit himmli= schem Troste erquicken und mir Muth und Kraft zu einem neuen frommen Leben verleihen. Du hast es ja selbst versprochen, Du wollest Dich bei die= sem Mahle mit uns auf's Innigste vereinigen und so in uns leben und in uns verbleiben. Es fehlt Dir weder an der Macht, noch an der Güte, noch an Treue, dieses dein Versprechen auf's Herrlichste zu erfüllen. Und ge= wiß, auch ich darf auf Dich und deine Worte vertrauen: nein, nein, ich werde in meiner Hoffnung nicht beschämt werden.

### Liebe.

Süßester Jesu! Du gedachtest mei= ner, noch ehe ich geboren war, und

liebteſt mich mit ſo unendlicher Liebe.
Um mich von der Sünde und der
ewigen Verdammniß zu erretten, biſt
Du vom Himmel auf die Erde herab-
geſtiegen, biſt wahrer Menſch geworden, biſt endlich für meine Erlöſung
am Kreuze geſtorben. Doch das alles
genügte deiner Liebe noch nicht; in
dem heiligſten Sakramente willſt Du auch
die Speiſe meiner armen Seele ſein.

O entflamme doch mein kaltes
Herz, daß es für ſo unerfaßliche Wohlthaten Dich aus allen Kräften ent-
gegenliebe. Ich fühle es gar gut, wie
ich Dich ſo innig, ſo über Alles, aus
ganzer Seele lieben ſollte. Und ach!
ich bin ſo unempfindlich gegen Dich,
ich habe durch meine Sünden ſo lieb-
los gegen Dich gehandelt. Doch ich
wünſche, wenigſtens von jetzt an treuer,
herzlicher und eifriger Dich zu lieben,
und eben darum komme ich zu deinem
heiligen Gaſtmahle, damit ich da zur
Liebe recht entzündet werde.

Nein, o höchster Herr des Him=
mels und der Erde! nein, dulde es
länger nicht mehr, daß irgend eine
sündliche Neigung mich von der Liebe
zu Dir abhalte oder diese Liebe in
mir zerstöre. Vielmehr sei Alles, was
ich fürderhin denken oder reden, thun,
lassen oder leiden werde, — Alles sei
ein Akt der vollkommensten Liebe gegen
Dich!

### Seufzer des Verlangens.

So komm denn, mein Jesus, Du
Gott meines Herzens! Komm, o barm=
herziger Heiland, der Du nicht die
Gerechten, sondern die Sünder berufest;
komm, o himmlischer Arzt, der Du
nicht die Gesunden, sondern die Kran=
ken heilest; komm und bringe deine
süßeste Liebe mit Dir. Komm, o Je=
sus! mein Herz ist zu deinem Empfange
bereit; durch dein kostbares Blut ist
es ja wieder gereinigt und durch dei=
nen Tod geheiligt. Sollte in diesem

Herzen auch nur eine einzige Neigung zur Sünde noch verborgen ſein, o ſo verzehre dieſelbe mit dem Feuer deiner Liebe.

Komm, o gütigſter Jeſu! Sieh, ich gehe Dir entgegen mit feſtem Glauben an deine wirkliche Gegenwart, mit zuverſichtlicher Hoffnung, Dich und deine Gnaden zu empfangen; ſieh, ich komme mit herzlicher Reue über meine Sünden, mit tiefſter Ehrfurcht vor deiner unendlichen Größe und Majeſtät. Komm und ſei Du auf immer mein Troſt in Widerwärtigkeiten, meine Freude in der Traurigkeit, meine Hilfe in jeder Noth, mein Heil im Leben und Sterben. Komm, o Jeſu, mein Heiland, mein Seligmacher, mein Gott und Alles! —

Du, o reinſte Jungfrau und gebenedeite Mutter Jeſu! erlange mir durch deine liebreiche Fürbitte die Gnade, daß mein Herz Ihm jetzt eine wohlgefällige Wohnung ſei. Und Du,

o heiliger Joseph, der Du einst das
Glück hattest, diesen König des Him=
mels und der Erde in seiner Kindheit
zu nähren und zu verpflegen: erbitte
mir ein reines, schuldloses Herz, da=
mit Er dasselbe mit seinen göttlichen
Segnungen erfülle. —

Siehe, meine Seele, siehe das
Lamm Gottes, welches hinwegnimmt
die Sünden der Welt!

O Herr, ich bin nicht würdig, daß
Du eingehest unter mein Dach, son=
dern sprich nur ein Wort, so wird
gesund meine Seele. —

### Nach der heiligen Communion.

#### Gruß und Anbetung.

Mein Gott! Mein Herr und Hei=
land! Sei mir von ganzem Her=
zen gegrüßt! Du bist nun wahrhaft
und wesentlich in mir; ich glaube es
fest und unbezweifelt. Jesus in mir!
sei mir gegrüßt — mit jenem Gruße,

mit welchem Dich deine heiligste Mutter
bei ihren Communionen aufnahm! Sei
mir gegrüßt — mit jenem Gruße,
womit Dir die Heiligen entgegeneilen,
wenn sie Dich im Himmel das erste
Mal sehen!

O unendliche Güte! o unendliche
Liebe! was kann ich jetzt thun, als
niederfallen vor Dir und Dich anbeten?
Du der große Gott, Du allein der
Herr, Du allein der Allmächtige, der
Allerhöchste, Du bist — in meinem
Herzen! Ich kann nur bewundern deine
tiefste Verdemüthigung; ich kann nur
anstaunen die übergroße Gnade, die
Du mir jetzt erweisest. Du bist mein
Schöpfer, mein Erlöser, mein höchstes
Gut, ich aber bin ein armer, elender,
sündiger Mensch, der Dich so oft aus
dem Herzen verstoßen, so oft beleidigt
hat! Und dennoch würdigest Du mich
Unwürdigen deiner göttlichen Gegen=
wart! —

### Danksagung.

Wie, wie soll ich Dir für diese deine Güte danken? O Gnade über alle Gnaden, daß Du, o Jesu, Dich selbst mir gegeben hast! O Erbarmung über alle Erbarmungen, daß Du, o Ewiger, mein unreines Herz zu deiner Wohnung auserwählt hast! Was ist doch der Mensch, daß Du seiner in solcher Milde gedenkest und ihn so liebreich heimsuchest?!

Und ich sollte Dir nicht von ganzem Herzen danken für diese größte Wohlthat, womit Du mich jetzt begnadigest?! Ja, meine Seele, lobe und preise den Herrn, deinen Gott und Erlöser! Erhebe und verherrliche die Erbarmungen, die Er dir jetzt erzeigt hat! Doch was sage ich? Zu gering ist Ein Herz, Dich zu loben; zu schwach ist Eine Zunge, Dir zu danken. Nimm hin das Lob und den Dank aller Engel und Heiligen und aller Gerechten auf Erden — für all

das unendlich Gute, das Du mir jetzt
gethan haſt!

### Aufopferung.

Was will ich aber ferner thun?
Will ich es noch einen Augenblick ver=
ſchieben, mich Dir, o Jeſu, ganz hin=
zugeben, nachdem Du ja Dich ſelbſt
mir ſo ganz geſchenkt haſt? Siehe,
was ich auch immer bin und habe,
das bin und habe ich einzig durch
Dich. Nun dieſes alles, was ich von
deiner Güte erhalten, übergebe ich Dir
frei und freudig — meinen Leib und
meine Seele und alle ihre Fähigkeiten,
meinen Willen, meine Geſundheit und
mein Leben.

O nimm mich als dein Eigenthum
auf, leite und lenke mich in Allem
nach deinem heiligen Wohlgefallen.
Alles, was Du mir zuſchicken oder
über mich verfügen wirſt, es ſei an=
genehm oder unangenehm, ſoll mir
willkommen ſein. Ich will fürderhin

nichts Anderes thun, als was Du
willst, nichts unterlassen, als was Dir
mißfällig ist. Jede Befriedigung meiner
sündlichen Neigungen bring' ich Dir zum
Opfer. Wenn Du je sehen solltest, daß
ich mich gegen Dich wieder empören
sollte, so laß mich lieber jetzt sterben,
da ich in deiner Gnade zu sein hoffe.

### Bitten.

Ohne deinen Beistand aber, o
Herr, vermag ich weniger als nichts.
Und wann soll ich eher zu Dir rufen,
als eben jetzt in diesen seligsten Au=
genblicken? Du, die Quelle alles Gu=
ten, Du bist jetzt dazu in mein Herz
gekommen, um deine Gnaden mir reich=
lich mitzutheilen. O ja, Du bist reich
und gütig gegen alle, die Dich anrufen;
Du forderst uns selbst auf zum Ge=
bete und sagst: „Bittet und es wird
euch gegeben werden.“

O so bitte ich Dich denn durch
die Liebe deines göttlichen Herzens:

Verleihe mir alles das, wodurch ich
Dir recht gefallen möge! Vertreibe
aus meinem Herzen, was sündhaft ist;
reinige und heilige meine Seele, da=
mit ich Dich liebe aus meinem ganzen
Gemüthe und in all' meinem Thun
und Lassen, in allem Kreuz und Lei=
den freudig ausrufe: Alles, o Jesu,
Alles Dir zu Liebe!

Erleuchte mich, daß ich Dich und
deinen Willen immer besser erkenne;
stärke mich in deiner Gnade, daß mich
von deiner Liebe nichts zu trennen ver=
möge. O allmächtiger Erlöser leite
alle meine Schritte und Tritte nach
den Vorschriften deiner heiligen Ge=
bote und laß mich nie mehr abweichen
von dem Wege der Tugend und eines
gottesfürchtigen Wandels. Stehe mir
immer bei, daß ich alle bösen Anfech=
tungen und Begierden standhaft über=
winde, besonders diejenigen, zu denen
ich am meisten geneigt bin. Hilf mir,
daß ich in allem Guten noch mehr zu=

nehme, und Dir getreu bleibe bis in den Tod.

Auch empfehle ich Dir, o Jesu, alle die Meinigen, meine Verwandten, Wohlthäter, Freunde, besonders .... Gib Allen, die mir Gutes thun, deine besten Gaben zum Lohne. Nicht minder empfehle ich deiner Liebe alle Diejenigen, die mich etwa beleidigt haben, auch jene, denen ich etwa Böses zufügte .... Erbarme Dich auch der armen Seelen, die noch in dem Reinigungsfeuer aufgehalten werden, besonders .... Laß uns Allen deine Barmherzigkeit zukommen und verleihe, daß wir deinen Heiligen in der ewigen Seligkeit beigezählt werden.

### Schlußgebet.

Und nun noch diese Bitte: o entlaß mich nicht, ohne mich zuvor gesegnet zu haben! Vergib mir, o Barmherzigster, alle Unandacht, alle Lauigkeit, allen Kaltsinn meines Herzens

und alle Fehler, die ich beim Em=
pfange dieses hochheiligen Sakramen=
tes begangen habe. Dieses wunderbare
Geheimniß gereiche mir doch nicht zum
Gerichte, sondern zu meinem Heile und
zu meiner Seligkeit.

Deinem göttlichen Herzen empfehle
ich diese Communion, auf daß Du sie
heiligen und vervollkommnen und dei=
nem himmlischen Vater zu einem wohl=
gefälligen Opfer darbringen wollest.
Bewahre in mir alle Gnaden, die ich
von deiner großen Milde jetzt empfan=
gen habe, und präge sie meiner Seele
ein, auf daß ich mit denselben Früchte
des ewigen Lebens bringe.

So segne denn jetzt meine Augen,
die Dich in den heiligen Gestalten des
Brodes erblickten, damit sie an nichts
Unreinem Freude finden; segne meinen
Mund, mit welchem ich Dich empfan=
gen, daß er nie etwas Sündhaftes
rede; segne das Herz, das Dich auf=
nahm, daß es keiner unerlaubten Liebe

mehr den Eingang gestatte; segne mei=
nen Leib, mit dem Du Dich vereinig=
test, daß er in unversehrter Keuschheit
dein lebendiger und Dir geheiligter
Tempel sei; segne meine Seele, deren
göttliche Speise Du selbst geworden
bist, damit sie mit allen ihren Kräften
und Fähigkeiten Dir diene, Dich liebe
und in Zeit und Ewigkeit mit Dir
vereinigt bleibe. Amen.

Maria! heiligste Mutter und Jung=
frau! stelle mich deinem göttlichen
Sohne als dein Pflegkind vor. Er=
flehe mir von Ihm die Gnade, daß
ich Ihm für seine liebreiche Heim=
suchung stets dankbar sei und nun so
lebe, daß ich auch im Tode von Ihm
einen so hochwichtigen Besuch erhalten
und dann in den Himmel gelangen
möge, um ewig mit dir und allen Heili=
gen seine Barmherzigkeit zu preisen. A.

Die Ablaßgebete nach der heiligen Com=
munion siehe unten Seite 176 und 178.

## Zweite Communionandacht.

### Vor der heiligen Communion.

Wahr ist es, o göttlicher Heiland, daß Du an diesem Morgen Dich würdigest, in mein armes Herz zu kommen und mit deinem eigenen Fleische und Blute mich zu nähren. O welch' eine unaussprechlich große Gnade, deren ich so ganz unwürdig bin! Dich, o Jesu, habe ich ja so schwer, so vielmal beleidigt — und nun, wie darf ich es wagen, Dich selbst, den Gott der Heiligkeit, den großen, allmächtigen Gott in mein sündhaftes Herz zu empfangen?

Ach, Herr! meine Sünden erlauben mir nicht, daß ich deinem heiligen Tische mich nahe; aber ruft mich nicht deine liebevolle Einladung? Ja, so lauten deine anbetungswürdigen Worte: „Mein Fleisch ist wahrhaftig eine Speise und mein Blut ist wahrhaftig ein Trank

Wenn ihr das Fleisch des Menschen=
sohnes nicht essen und sein Blut nicht
trinken werdet, so werdet ihr das Le=
ben nicht in euch haben.“

Was soll ich denn doch thun, da ich
ohne diese himmlische Speise das Leben
der Seele, das wahre Leben der Gnade
Gottes nicht erhalten kann? Herr, ich
erkenne meine Unwürdigkeit; ich er=
kenne und bereue aber auch meine
große Schuld und alle meine Sünden.
Ach, einen so guten Gott und Hei=
land konnte ich beleidigen — gegen
Ihn so böse, so undankbar, so treu=
los handeln! Gegen Dich habe ich ge=
sündigt — gegen Dich, o Jesu, der
Du für mich Mensch geworden und
für meine Erlösung am Kreuze gestor=
ben bist! Und ich habe Dich beleidigt,
um ein augenblickliches Vergnügen zu
genießen, um eine sündhafte Neigung
zu befriedigen, um einer niedrigen
Leidenschaft zu fröhnen! —

O mein Gott! in der Bitterkeit

der Seele beweine ich meine Bosheit.
Ich fühle wohl eine lebhafte Zerknirschung über meine Sünden; doch sie
ist noch viel zu gering und noch weit
entfernt von jener Zerknirschung, die
ich haben sollte. Gib Du mir dieselbe,
o Herr, und zugleich auch einen immer kräftigern Willen, Dich nicht mehr
zu beleidigen, und besonders jener Leidenschaft mehr abzusterben, die mehr
als jede andere mich zum Bösen ver-
führte.

Nur mit solch' einer reumüthigen
Gesinnung, nur mit solchem ernstlichen
Vorsatze der Besserung getraue ich mir,
zu Dir zu kommen und Dich, o Speise
der Engel, zu genießen. Und was darf
ich nicht hoffen, da Du selbst, o allmächtiger Sohn Gottes, zu mir kommst?
Um deiner großen Liebe zu uns Menschen ein Genügen zu thun, hast Du
ja das heiligste Sakrament eingesetzt —
jenes unendlich erhabene Geheimniß, in
welchem Du selbst als lebendiger Gott

und Mensch wahrhaft und wesentlich
zugegen bist. O wie, ich sollte von
Dir, barmherzigster Gott, nicht alles
Gute und alle mir nöthigen Gnaden
erwarten dürfen!?

Ja, gütigster und allmächtigster
Erlöser! Du wirst meiner Schwachheit neue Kraft verleihen und mich in
meinen guten Vorsätzen fest und unerschütterlich machen. Sieh, das ist
die Gnade, um welche ich Dich in
diesem heiligen Augenblick flehentlich
bitte — die Gnade, Dich nie mehr
zu beleidigen und Dir eifrig und getreu in Allem zu dienen. So erwecke
in mir die göttliche Liebe und mache,
daß ich auch Andere durch mein Beispiel zur Uebung der Tugend ermun-
tere. Reiß mein Herz los von jeder
sündlichen Neigung und mach' es reich
an Werken der Frömmigkeit — reich
an Demuth, Keuschheit, Friedfertigkeit
und Liebe.

Und nun, o gütigster Heiland,

komm zu mir und suche mich heim in
deiner so großen Liebe! Komm und
erquicke meine kranke Seele mit der
himmlischen Nahrung, die Du an die=
sem heiligen Tische den Deinigen aus=
theilest. Komm und sei mir eine
Stärke in den Versuchungen, ein Trost
in meinen Betrübnissen, eine sichere
Zuflucht im Leben und im Tode.

Gnadenreiche Jungfrau und Mut=
ter Maria! stehe du mit deiner mäch=
tigen Fürbitte mir bei und erhalte
mir die Gnade, Denjenigen jetzt wür=
dig zu empfangen, den Du einst in
deinen jungfräulichen Armen so oft
getragen hast, damit ich durch diese
heilige Vereinigung mit Ihm zu allem
Guten gestärkt und bis an's Ende
meines Lebens in der Liebe Gottes
erhalten werde.

O Jesu, ich glaube an Dich! O
Jesu, ich hoffe auf Dich! O Jesu,
ich liebe Dich von ganzem Herzen!

O Jesu, mit jenem gläubigen

Hauptmann im Evangelium spreche ich
die Worte der heiligen Demuth: O
Herr, ich bin nicht würdig, daß Du
eingehest unter mein Dach, sondern
sprich nur ein Wort, so wird gesund
meine Seele.

Der allerheiligste Leib unsers Herrn
Jesu Christi bewahre meine Seele zum
ewigen Leben! Amen.

### Nach der heiligen Communion.

Ach, wen habe ich doch jetzt empfangen? Denjenigen habe ich in diesem Augenblicke empfangen — Denjenigen, der mich erschaffen hat, der
mich durch seinen Tod erlöset hat, der
mich bis jetzt erhalten hat, — Denjenigen, durch welchen ich lebe, mich
bewege und bin! Wahrhaft, meinen
Gott habe ich empfangen! Mein Gott
befindet sich jetzt so nahe meinem Herzen! —

Gott, wie groß ist deine Güte
gegen ein so verächtliches Geschöpf —

wie groß deine Erbarmung gegen einen
sündigen Menschen! O wie kann ich
Dir genugsam danken — für diese
deine Herablassung, für diese deine
Heimsuchung? Ach, hätte ich doch ein
Herz, das empfindlicher wäre gegen
deine unendliche Liebe und gegen alle
deine Wohlthaten! Statt meines armseligen Dankes opfere ich Dir auf —
den Dank deiner allerheiligsten Mutter,
und ebenso die Lobpreisungen, welche
Dir von allen Engeln und Heiligen
ohne Aufhören dargebracht werden.

Und nun, o göttlicher Erlöser, mit
welcher Zuversicht darf ich Dir all
mein Elend klagen und Dich um deine
allmächtige Hilfe anrufen! Dazu bist
Du ja in mein Herz gekommen, um
die Schätze deiner Gnade mir mitzutheilen — und ich sollte jetzt nicht
vertrauensvoll meine Bitten Dir vor-
tragen!? — Du weißt es aber gar
wohl, was mir fehlt; Du kennst mein
Elend und meine Schwäche; Du weißt

es, daß ich ohne Dich nichts vermag,
— hab' also Erbarmen mit mir!

Gedenke nicht mehr meiner bis=
herigen Untreue, nicht mehr meiner
frühern Sünden, und mit der Ver=
zeihung derselben verleihe mir auch die
Gnade, sie nie mehr zu begehen. Mit
deinem heiligen Apostel rufe ich jetzt
zu Dir: „Herr, was willst Du,
daß ich thun soll?" Ich bin ja
bereit und entschlossen, Alles zu thun,
was Dir wohlgefällig ist. Deshalb
spreche ich auch mit deinen eigenen
Worten: „Dein Wille geschehe!"
Nichts Anderes verlange ich, als diesen
deinen heiligen Willen zu erfüllen.

O, so hilf mir, mein Jesu! Lehre
mich nicht nur erkennen, was Dir
gefällt, sondern auch, es vollbrin=
gen. Lehre mich deinen Willen thun!
Was Du willst, das ist ja auch der
Wille deines Vaters; o könnte ich denn
doch in Wahrheit dasselbe sagen, was
Du auf Erden sagen durftest: „Ich

thue immer das, was Ihm, dem Va=
ter, wohlgefällig ist." O diese Ein=
heit meines Willens mit dem deinigen
bewirke doch in mir die Kraft deines
heiligsten Sakramentes! Laß es daher
nie mehr geschehen, daß meine Nei=
gungen und die Leidenschaften aber=
mals die Oberhand gewinnen.

Ich bin freilich — o wie sehr fühle
ich dieß! — ein so schwacher, unbe=
ständiger und veränderlicher Mensch.
So leicht vergesse ich die besten Vor=
sätze, so bald falle ich wieder in die
vorigen Sünden zurück! Bewahre mich
doch jetzt vor diesem Unglücke und
stärke mich so, daß ich mich besonders
vor schweren Sünden sorgfältigst hüte
und auch die freiwilligen läßlichen Sün=
den Dir zu Liebe eifrig vermeide. Da=
her will ich aber auch jede Gefahr und
Gelegenheit zur Sünde mit deinem
Beistande gewissenhaft fliehen, damit
ich nicht aus eigener Schuld in den alten
traurigen Sündenzustand zurückfalle.

Du, der Du so viele Wunder wir=
kest, um durch das allerheiligste Sa=
krament in mein Herz eingehen zu
können, wirke auch noch das, daß ich
aus einem sündigen Menschen in einen
frommen, gottesfürchtigen Christen um=
gewandelt werde. So möge ich durch
meinen ganzen Lebenswandel Dich ehren,
verherrlichen und Dir in Liebe dienen,
damit ich endlich auch im Himmel in
alle Ewigkeit Dich liebe, ehre und bei
Dir selig werde.

Jetzt gehe ich zwar wieder zu mei=
nen Arbeiten und Berufsgeschäften;
doch ich verlasse diese heilige Stätte
nicht ohne Dich, ohne deinen Beistand
und deine Gnade. Dir also, o gütig=
ster Heiland, empfehle ich mich mit
Allem, was ich bin und habe. Ver=
berge meine arme Seele in deinem
heiligsten Herzen und gestatte nicht,
daß ich je wieder von Dir getrennt
werde. Sei und bleibe mir im Leben
mein Trost, im Tode meine Weg=

zehrung, in der Ewigkeit meine Be=
lohnung. Um dieses bitte ich Dich für
mich, für alle Lieben, die meinem
Herzen theuer sind und für welche ich
besonders zu beten verpflichtet bin.
Ertheile mir deinen göttlichen Segen
und mit demselben zugleich die Gnade,
allzeit und in Allem deinen heiligsten
Willen zu erfüllen. Amen.

Allerseligste Jungfrau und Mutter
Maria! durch den heiligen Geist hast
du denselben Gottmenschen empfangen,
welchen ich jetzt in mein Herz aufzu=
nehmen das Glück hatte. Sei du auch
meine Fürsprecherin bei diesem deinem
Sohne und verschaffe mir Verzeihung
für alle Nachlässigkeiten, die ich jetzt
beim Empfange dieses hochheiligsten
Sakramentes verschuldet habe. O bitte
für mich, daß ich in Kraft dieser hei=
ligen Communion würdige Früchte der
Buße und Bekehrung bringe. Unter
deinem mütterlichen Schutze laß mich
in der Tugend mit jedem Tage fort=

schreiten, die Reinheit des Herzens be=
wahren und zu einem gottseligen Ende
mich vorbereiten. Darum bitte ich Dich
um der Liebe Jesu deines Sohnes
willen, o gütige, o süße Jungfrau
Maria! Amen.

### Gebet vor einem Bildniß Jesu des Gekreuzigten.

Sieh, o mein gütiger und süßester
Jesu! in deiner heiligsten Gegen=
wart werfe ich mich auf die Kniee
nieder und bitte und beschwöre Dich
mit der heißesten Inbrunst meiner
Seele; durchdringe mein Herz mit den
lebhaftesten Gefühlen des Glaubens,
der Hoffnung und der Liebe, der Reue
über meine Sünden und des Vor=
satzes, Dich nicht mehr zu beleidigen;
indem ich mit innigster Rührung und
tiefstem Schmerze deine heiligen fünf
Wunden betrachte und mir vor Augen
stelle, was von Dir, o mein Jesu,
der heilige Prophet David gesagt hat:

„Sie haben meine Hände und Füße durchbohrt, sie haben alle meine Gebeine gezählt." (Pf. 21.)

(Vollkommener Ablaß für dieses Gebet. Pius IX. 31. Juli 1858.)

## Gebet des heiligen Ignatius.

O Seele Christi, heilige mich;
O Leib Christi, rette mich;
O Blut Christi, erquicke mich;
O Wasser der Seitenwunde Christi, wasche mich;
O Leiden Christi, stärke mich;
O guter Jesu, erhöre mich;
In deinen Wunden verberge mich;
Von Dir laß nimmer scheiden mich;
Vor dem bösen Feinde beschütze mich;
In der Todesstunde rufe mich;
Zu Dir alsdann laß kommen mich,
Damit ich könne loben Dich
Mit deinen Heiligen ewiglich. Amen.

(Ablaß von 300 Tagen. Pius IX 9. Jänner 1854.)

12

### Schußgebetlein.

Lob, Preis und Dank sei jetzt und
ohne End,

Dem heiligsten und göttlichen Sakrament!

(100 Tage Ablaß. Pius VII. 30. Juni
1818.)

### Gebet zur Gewinnung eines vollkommenen Ablasses,

(besonders nach der hl. Communion zu verrichten.)

Gott der Barmherzigkeit, der Du,
nachdem Du dem Könige David
seine Sünden verziehen, ihm doch noch
zeitliche Strafen auferlegt hast, um
deiner Gerechtigkeit genugzuthun: sieh
mich da vor Dir mit Schulden beladen. Denn obschon ich hoffe, in dem
Sakrament der Buße Nachlaß der
ewigen Strafen erhalten zu haben, so
muß ich doch mit Grund befürchten,
daß mir, zur Abbüßung meiner Sünden, in dieser oder in der andern Welt
noch zeitliche Strafen zu ertragen übrig
bleiben.

Großer Gott! ich danke Dir, daß Du mir aus unendlicher Barmherzigkeit die ewigen Strafen nachgelassen hast: nun bitte ich Dich noch inständig, Du wollest mir auch die zeitlichen gütigst nachlassen. Deine heilige Kirche, die Ausspenderin deiner Gnaden und meine zärtliche Mutter, öffnet mir jetzt, um meine Schwachheit zu unterstützen, den unerschöpflichen Schatz der Verdienste deines Sohnes, sowie seiner heiligen Mutter, der glorreichen Jungfrau Maria, und aller Heiligen, um daraus zu schöpfen, womit ich deiner Gerechtigkeit völlig genugthun möge.

Empfange also, o mein Gott, zur Genugthuung für meine Sünden alle Arbeiten, alle Leiden, Aengsten, Beschwerlichkeiten und öftere Traurigkeit deines vielgeliebten Sohnes, das Leiden und den Tod, den Er gelitten, das kostbare Blut, das Er aus Liebe zu mir vergossen hat. Nimm an die Verdienste seiner jungfräulichen Mutter,

aller Heiligen und auch die Fürbitte
der ganzen heiligen Kirche auf Erden.
Sieh gnädig auf diese deine geliebte
Kirche herab. Verleih' ihr die Kraft,
ihre Feinde zu überwinden, über alle
Ketzereien zu triumphiren, und Alle,
welche sich verirrt, wieder in den
wahren Schafstall Jesu zurück zu führen. Erleuchte auch die Ungläubigen
und zerstöre gänzlich das Reich der
Finsternisse, damit die ganze Erde Dich
erkenne und anbete — Dich den ewigen
Vater mit deinem eingebornen Sohne,
in Vereinigung mit dem heiligen Geiste.

Gib dem Oberhaupte der Kirche,
dem römischen Papste, den Bischöfen
und Priestern eine solche Reinigkeit
der Seele und des Leibes, wie es die
Würde deiner heiligen Altäre erfordert.
Gib ihnen Eifer, Wachsamkeit und die
nothwendige Wissenschaft, um dein
Volk zur glückseligen Ewigkeit zu leiten.

Gib den christlichen Fürsten und
Obrigkeiten Frieden und Weisheit,

Liebe und Sorgfalt gegen die Völker,
die ihnen anvertraut sind. Gib, den
Ordensgeistlichen die Beobachtung ihrer
Regel und den wahren Geist ihres
Standes.

Gib den Sündern die Gnade, sich
zu bekehren. Erbarme Dich der Ar=
men, Bedrängten, Kranken und Ster=
benden. Gib Allen jenen Trost, wel=
chen sie nur von Dir erhalten können.

Gedenke auch, o Gott, meiner El=
tern, Wohlthäter, Freunde und Feinde,
sie mögen noch am Leben sein oder
schon unter der Zahl der Abgeschiede=
nen sich befinden. Sie mögen Alle
die Wirkungen deiner Güte und der
Verdienste des kostbaren Blutes Jesu,
deines Sohnes, erfahren.

Dein göttlicher Segen komme über
uns Alle und bleibe bei uns allzeit!
Amen.

Bete noch 5 Vater unser und Ave Ma=
ria für die Anliegen der Kirche.

———❦———

## Siebenter Abschnitt.

# Nachmittagsandachten an Sonn- und Feiertagen.

### Eine Anbetungsstunde vor dem hochwürdigsten Gute.

### Eingang.

Herr! eröffne meine Lippen;
So wird mein Mund dein Lob
    verkündigen.
    O Gott! acht' auf meine Hilfe;
Herr, eile mir zu helfen.

Ehre sei dem Vater und dem Sohne und dem heiligen Geiste:
    Wie sie war im Anfang, jetzt und allzeit und in alle Ewigkeiten. Amen.

## Begrüßung Jesu.

Sei gegrüßt, o heiligster · Frohn=
leichnam und kostbares Blut meines
Herrn Jesu Christi, der Du hier unter
der Gestalt des Brodes wahrhaft gegen=
wärtig bist! Ich verehre Dich und bete
Dich an mit jener tiefsten Ehrfurcht, in
welcher die neun Chöre der heiligen
Engel Dich verehren und anbeten. Im
Geiste der Demuth sinke ich vor Dir
nieder und bekenne, daß Du, mein
Gott und Herr, hier in deinem göttlichen
Sakramente wahrhaft enthalten bist.

Sei gegrüßt, Du hochwürdigster
Leib Jesu Christi, meines Erlösers,
Du wahre, lebendige Hostie, die da
aufgeopfert ward am Stamme des
heiligen Kreuzes. Ich danke Dir im
Namen aller Geschöpfe für die namen=
lose Liebe, mit welcher Du in diesem
heiligsten Sakramente zu unserm Heile
verborgen bist.

Sei gegrüßt, o mildester Jesu!
Du ewiges Wort des Vaters, Abglanz

seiner Herrlichkeit, Quell aller Gnaden,
Heil der Welt, Lamm Gottes, leben=
diges Brod, allerheiligstes Opfer zur
Versöhnung des Himmels. Dich ver=
ehre ich, Dich bete ich an.

Sei gegrüßt, o Du hochwürdigste
Gottheit und Menschheit Jesu Christi,
die Du hier unter diesen unscheinbaren
Brodsgestalten zum Troste unserer
Seelen verborgen bist. Dich lobe und
benedeie ich, Dich erhöhe und verherr=
liche ich in Ewigkeit.

Sei gegrüßt, Du allerheiligstes
Sakrament! in tiefster Demuth falle
ich vor Dir nieder und spreche mit
allen heiligen Engeln und Erzengeln
und mit allen himmlischen Heerschaaren:
Hochgelobt und angebetet sei ohne End'
das heiligste und hochwürdigste Sakra=
ment!

Sei gegrüßt, o Jesu, Du ewiges
Wort, welches Fleisch geworden, Du
gewaltigster König und Fürst des Frie=
dens! durch die unaussprechliche Liebe,

die Du zu den geliebten Seelen deiner Auserwählten trägst, bitte ich Dich, Du wollest Dich unser erbarmen und Dich selbst deinem ewigen Vater zu unserer Versöhnung aufopfern.

Sei gegrüßt, o süßester Jesu! Gepriesen sei deine Weisheit, durch welche Du ein so wunderbares Mittel erfunden hast, unter uns Menschen zu wohnen und Dich selbst als die Speise unserer Seelen darzureichen! Gepriesen sei deine Allmacht, die dieses so uner= forschliche Wunder wirkte, welches die Engel im Himmel nicht zu ergründen vermögen! Gepriesen sei deine unend= liche Güte, welche dieses erhabenste Zeichen deiner überschwänglichen Liebe uns Armen gegeben hat! Habe Dank für die Einsetzung dieses göttlichen und trostreichen Sakramentes!

Sei gegrüßt, o liebenswürdigster Jesu! blicke mit den Augen deiner mildesten Barmherzigkeit auf meine un= würdige sündliche Seele herab. In

Anbetung liege ich vor Dir auf den Knieen und bitte Dich um die Verzeihung aller meiner Sünden und um alle jene Gnaden, die zu meinem Heile nöthig sind für Zeit und Ewigkeit. A.

### Litanei vom hochheiligsten Sakramente.

Herr, erbarme Dich unser!
Christe, erbarme Dich unser!
Herr, erbarme Dich unser!
Christe, höre uns! Christe, erhöre uns!
Gott Vater vom Himmel, erbarme Dich unser!
Gott Sohn, Erlöser der Welt, *)
Gott heiliger Geist,
Heiligste Dreifaltigkeit, ein einiger Gott,
Du lebendiges Brod, welches vom Himmel herabgestiegen,
Du verborgener Gott und Heiland,
Du Nahrung der Auserwählten,
Du Wein, aus welchem die Jungfräulichkeit sprosset,
Du köstliches Brod und Lust der Könige,
Du immerwährendes Opfer,
Du unbeflecktes Opfer,
Du Lamm ohne Makel,
Du allerreinster Tisch des Herrn,
Du Speise der Engel,

---

*) Erbarme Dich unser!

Du Denkmal der göttlichen Wunderwerke,
erbarme Dich unser!

Du überwesentliches Brod,*)

Du Wort, welches Fleisch geworden,

Du Wort, das unter uns wohnet,

Du heiliges Opferbrod,

Du Kelch des Segens,

Du Geheimniß des Glaubens,

Du erhabenes und hochwürdiges Sakrament,

Du hochheiligstes Opfer aus allen,

Du wahres Versöhnungsopfer für die Leben=
digen und Abgestorbenen,

Du himmlisches Schutzmittel, das uns vor
Sünden bewahret,

Du über Alles erstaunenswürdiges Wunder,

Du heiligstes Gedächtniß des Leidens unsers
Herrn,

Du Gabe, die alle Fülle übersteigt,

Du vortrefflichstes Denkmal der göttlichen
Liebe,

Du Ausfluß der göttlichen Freigebigkeit,

Du hochheiliges und erlauchtestes Geheimniß,

Du Arznei der Unsterblichkeit,

Du furchtbares und lebenspendendes Sa=
krament,

Du Brod, das durch die Allmacht des Wor=
tes Fleisch geworden,

---

*) Erbarme Dich unser!

Du unblutiges Opfer, erbarme Dich unſer!
Du Speiſe und Gaſt zugleich,*)
Du ſüßeſtes Gaſtmahl, bei dem die Engel
dienen,
Du Sakrament der erbarmenden Güte,
Du Band der Liebe,
Du Opferprieſter und Opfer zugleich,
Du geiſtliche Süßigkeit, die hier an der
Quelle ſelbſt verkoſtet wird,
Du Erquickung frommer Seelen,
Du Wegzehrung der im Herrn Sterbenden,
Du Unterpfand der zukünftigen Herrlichkeit,
Sei uns gnädig: verſchone uns, o Herr!
Sei uns gnädig: erhöre uns, o Herr!
Vom unwürdigen Empfange deines Leibes
und Blutes, erlöſe uns, o Herr!
Von der Begierlichkeit des Fleiſches,**)
Von der Begierlichkeit der Augen,
Von der Hoffart des Lebens,
Von jeder Gelegenheit zu ſündigen,
Durch dein inniges Verlangen, mit deinen
Jüngern dieſes Oſtermahl zu eſſen,
Durch die tiefſte Demuth, womit Du deinen
Jüngern die Füße gewaſchen,
Durch die inbrünſtige Liebe, in welcher Du
dieſes göttliche Sakrament eingeſetzt,

----

*) Erbarme Dich unſer!
**) Erlöſe uns, o Herr!

Durch dein kostbares Blut, welches Du uns
auf dem Altare hinterlassen, erlöse uns,
o Herr!

Durch die fünf Wunden, welche dein heilig=
ster Leib für uns empfangen, erlöse uns,
o Herr!

Wir arme Sünder: wir bitten Dich, erhöre
uns!

Daß Du uns verschonen wollest,*)

Daß Du uns verzeihen wollest,

Daß Du den Glauben, die Ehrfurcht und
Andacht zu diesem wunderbaren Sakra=
mente in uns vermehren und erhalten
wollest,

Daß Du zum öftern Genusse des heiligen
Abendmahles durch ein reumüthiges
Sündenbekenntniß uns hinführen wollest,

Daß Du von aller Ketzerei, Unglauben und
Verblendung des Herzens uns befreien
wollest,

Daß Du die kostbaren und himmlischen
Früchte dieses Sakramentes uns zuthei=
len wollest,

Daß Du in der Todesstunde mit dieser
himmlischen Wegzehrung uns stärken
und waffnen wollest,

Daß Du uns erhören wollest,

---

*) Wir bitten Dich, erhöre uns!

Du Sohn Gottes, wir bitten Dich, erhöre uns!

O Du Lamm Gottes, das Du hinwegnimmst die Sünden der Welt: verschone
uns, o Herr!

O Du Lamm Gottes, das Du hinwegnimmst die Sünden der Welt: erhöre
uns, o Herr!

O Du Lamm Gottes, das Du hinwegnimmst die Sünden der Welt: erbarme
Dich unser, o Herr!

Christe, höre uns! Christe, erhöre uns!

Vater unser 2c.

### Gebet.

O Herr Jesus Christus, der Du
bei deinem Hingange aus dieser Welt
zum Vater das Sakrament deines Leibes und Blutes deiner heiligen Kirche
zur Nahrung und zugleich zum Troste
hinterlassen hast: verleihe gnädig, daß
wir Dich, den wir jetzt in diesem Geheimnisse verborgen verehren, dereinst
in der himmlischen Glorie von Angesicht zu Angesicht anzuschauen verdienen
mögen. Der Du lebst und regierest

mit Gott dem Vater in Einigkeit des heiligen Geistes, Gott von Ewigkeit zu Ewigkeit. Amen.

**Lobgesang**: Pange lingua.

Preise, Zunge, das Geheimniß
Jenes Leibs voll Herrlichkeit,
Jenes unschätzbaren Blutes,
Das zum Lösegeld der Welt
Er, die Frucht des edlen Leibes,
Er, der Völker Herr, vergoß!

\*　\*　\*

Uns geschenket, uns geboren
Aus der reinsten Jungfrau Schooß,
Wandelt Er voll Gnad' auf Erden,
Streut des Wortes Samen aus,
Und mit wunderbarer Stiftung
Schließt Er seinen Lebenslauf.

\*　\*　\*

In der Nacht des letzten Mahles,
Das Er mit den Brüdern hielt,
Ißt Er das im alten Bunde
Vorgeschrieb'ne Osterlamm,
Reicht den Zwölfen dann zur Speise
Sich mit eig'nen Händen dar.

\*　\*　\*

Er, das Wort, das Fleisch geworden,
Hat durch's Wort da Brod und Wein

In sein Fleisch und Blut verwandelt,
So daß es kein Sinn erreicht;
Doch, ein redlich Herz zu stärken,
Ist der Glaube schon genug.

\* \* \*

Hehr und groß ist dies Geheimniß:
Tief gebeuget betet an,
Statt des alten Bundes Schatten,
Hier das neue Opfermahl!
Es ersetze fester Glaube,
Was kein Sinn erreichen kann.

\* \* \*

Vater, Dir und deinem Sohne
Sei Anbetung, Lob und Preis,
Jubel, Dank und Ruhm und Ehre,
Sowie auch dem heil'gen Geist',
Der von Beiden ausgegangen,
Ihm sei gleiche Ehr' geweiht!

℣. Das Brod vom Himmel hast Du ihnen gegeben:

℟. Welches alle Süßigkeit in sich schließt.

### Gebet.

O Gott, der Du uns in dem wunderbaren Sakramente das Gedächtniß deines Leidens hinterlassen hast:

verleihe gnädigst, die heiligen Geheim=
nisse deines Leibes und Blutes also
zu verehren, daß wir die Frucht dei=
ner Erlösung allzeit in uns erfahren.
Der Du lebest und regierest 2c.

Für diesen Lobgesang 300 Tage Ablaß
— oder auch einzig für die zwei letzten
Strophen sammt V. und Gebet 100 Tage.
Pius VII. 25. August 1818.

## Das Magnificat auf das heiligste Altars=
sakrament.

Meine Seele macht groß den Herrn
— Ihn, der in so kleiner Brodsge=
stalt unter uns wohnet; Ihm, Ihm
allein spreche ich das gebührende Lob.

Und mein Geist ist voll heiliger
Freude, da ich der Güte Gottes, mei=
nes Heilandes, gedenke.

Er hat seine Augen zum Vater im
Himmel erhoben, das Brod gesegnet
und es in seinen wahren Leib ver=
wandelt; sieh! darum werden Ihn die
gläubigen Völker aller Jahrhunderte
loben und preisen.

Hinauf zu Gott!                13

Denn der Allmächtige, deſſen Name
heilig iſt, hat große Dinge, große
Wunder gethan — aus Liebe zu uns
elenden Menſchen.

Der Ueberfluß dieſer ſeiner Liebe
erſtreckt ſich hier in dieſem heiligſten
Sakramente von Geſchlechte zu Ge=
ſchlechte — auf Alle, die ſich ſelbſt
prüfen und mit reinem Herzen und in
gläubiger Andacht von dieſem Brode
eſſen.

Er offenbaret aber auch gar oft
die Kraft ſeines Armes, indem Er den
unwürdigen gottesſchänderiſchen Genuß
ſeines heiligſten Fleiſches und Blutes
— mit der größten aller Strafen,
mit der Verſtockung des Herzens ſchlägt.

Er erfüllt Jene, die nach dieſem
Tiſche eine herzliche Begierde haben,
mit vielen und großen Gütern — und
entläßt dagegen leer an Troſt und arm
— die Andachtloſen und die hoffärti=
gen Sinnes ſind.

Schon jetzt macht Er die From=

men glücklich, die Ihn in Wahrheit
anbeten, indem Er seiner ewigen Barm=
herzigkeit gedenkt — so wie Er es un=
sern Vätern verheißen, dem Abraham
und seinen Nachkommen auf alle künf=
tige Zeiten.

### Aufopferung.

Blicke herab, o Herr, von deinem
Heiligthume und von der erhabenen
Wohnung des Himmels, und siehe an
diese hochheilige Hostie, die Dir unser
großer Hohepriester, dein hochheiliger
Sohn, Jesus der Herr, für die Sün=
den seiner Brüder zum Opfer bringt;
und laß Dich besänftigen über die
Menge unserer Bosheiten. Siehe, die
Stimme des Blutes unseres Bruders
Jesus ruft zu Dir vom Kreuze.

Erhöre uns, o Herr, und laß Dich
versöhnen. Herr, merke auf und er=
barme Dich unser, und um deiner
selbst willen, o mein Gott, säume
nicht länger; dein Name ist ja ange=

rufen über diese Stadt und dein Volk,
— handle denn mit uns nach deiner
Barmherzigkeit. Amen.

Ablaß von 100 Tagen, wenn man diese
Aufopferung knieend vor dem heiligen Sa=
kramente betet. Pius VI. 17. Oktob. 1796.

### Schlußgebet um den göttlichen Segen.

Jesu, Du Urheber und Quelle
aller Gnade und alles Segens! Ich
opfere Dir nun auf meine Andacht
und mein Gebet, womit ich diese
Stunde vor Dir zugebracht habe. Laß
mich Gnade finden vor Dir und nimm
meine Anbetung gütig auf. Laß sie
mir zum Heile meiner Seele gedeihen
— und nicht nur mir allein, sondern
auch allen Denen, die ich Dir demü=
thigst empfehle.

Du thust ja deine milde Hand auf
und erfüllest Alles, was da lebt, mit
deinem göttlichen Segen. Segne denn
auch mich, auf daß ich, mit deinem
Segen gestärkt, alles Böse meide und

das Gute standhaft übe. Erhalte mich
auf den Wegen deiner heiligen Gebote,
bis ich einst jene freudigen Worte aus
deinem Munde höre:

„Komm, du Gesegneter meines
Vaters! besitze das Reich, das dir be=
reitet ist vom Anbeginn der Welt.“
Amen.

## Bitte an Maria.

O allerseligste Jungfrau, Mutter
meines göttlichen Erlösers! wenn du
mich retten willst, werde ich gewiß ge=
rettet; dein großer Diener, der heilige
Alphons versichert es aber ausdrück=
lich, daß du diejenigen alle rettest, die
dich anrufen.

Siehe, ich kann diese Anbetungs=
stunde nicht beschließen, ohne auch noch
dich um deine Fürbitte angerufen zu
haben. Du bist ja die Zuflucht der
Sünder, denn also hat es Gott selbst
geordnet. Entlaß mich nicht unerhört
um meiner Sünden willen. Wenn du

mich nicht annimmst, wohin soll ich mich wenden?

O Maria, meine Zuflucht, meine Hoffnung, rette mich! Du kannst mir Alles erlangen; von dir hoffe ich alles Gute, Verzeihung, Beharrlichkeit und endlich den Himmel. Hilf mir also immer und überall, hilf mir durch deine Fürbitte, hilf mir im Leben und im Sterben. O daß ich doch unter deinem Schutze Jesu Christo, deinem göttlichen Sohne, jetzt immer treu dienen möchte bis zum letzten Augenblicke meines Lebens! Es geschehe! Amen.

## Vespergebete.

### Nachahmung der gewöhnlichen Vesper.

#### Eingang.

Vater unser. Gegrüßt seist ꝛc.

V. O Gott! acht' auf meine Hilfe:

R. Herr, eile mir zu helfen.

V. Die Ehre sei dem Vater und
dem Sohne und dem heiligen Geiste:

R. Wie sie war im Anfang, so
auch jetzt und immer und in alle Ewig=
keiten. Amen.

### Erster Psalm.*)
#### Lobpreisung des dreieinigen Gottes.

Ehre, Anbetung und Dank sei Dir,
o dreieiniger Gott, Vater, Sohn
und heiliger Geist!

Gebenedeit sei die heiligste Drei=
faltigkeit und unzertheilte Einheit: wir
wollen Ihr danken, weil sie Barm=
herzigkeit an uns gethan hat!

Heilig, heilig, heilig bist Du, o
Herr, Gott der Heerschaaren: Himmel
und Erde sind voll deiner Herrlichkeit.

Du bist der König der Ewigkeit,
Du der Unsterbliche, der Unsichtbare,
Du der alleinige, lebendige und wahre

---

*) Diese 4 Psalmen sind größtentheils aus der
heiligen Schrift oder aus den kirchlichen Tagzeiten.

Gott: Dir sei Ehre und Herrlichkeit in alle Ewigkeit!

Gepriesen seist Du, o Gott und Vater unseres Herrn Jesu Christi: Du der Vater der Barmherzigkeit und der Gott alles Trostes!

Du bist der Schöpfer aller unsichtbaren und sichtbaren Wesen: Alles wird auch einzig durch deine Allmacht erhalten.

Deine Weisheit regiert und leitet Alles: sie erstreckt sich auf Alles und reicht von einem Ende zum andern.

Du, o ewiger Sohn des himmlischen Vaters: Du bist für uns Mensch geworden, hast die Sünde und den Tod besiegt und deinen Gläubigen das Reich der Himmel eröffnet.

Dort zur Rechten des Vaters herrschest Du und sorgest für uns: dein Reich wird ewig nie ein Ende nehmen.

Ich bete Dich an als meinen Herrn und Gott: ich danke Dir für

deine Menschwerdung, deine Lehre,
Leiden und Tod.

Auch Dir, o heiliger Geist, Geist
des Vaters und des Sohnes: Dir sei
Ehre, Anbetung und Dank!

Du heiligest und stärkest uns in
den heiligen Sakramenten: von Dir
kommt Licht und Gnade, Trost und
Freude in unser Herz.

O Du unendlich großer, dreieiniger
Gott: Dich loben wir, Dich beten wir
in tiefster Ehrfurcht an.

Die Ehre sei dem Vater ꝛc.

### Zweiter Psalm.
**Lobpreisung auf Jesus im heiligsten Altars-
sakrament.**

Sei gegrüßt, o heiligster Frohn=
leichnam Jesu Christi: Ehre sei Dir,
Anbetung und ewiges Lob!

Du wahre, lebendige Hostie, ewi=
ges Wort des Vaters, Abglanz seiner
Herrlichkeit, Quell aller Gnaden: Dir
sei Ehre, Anbetung und ewiges Lob!

Du lebendiges Himmelbrod, Heil der Welt, Du, o Lamm Gottes, für uns geschlachtet: erbarme Dich unser!

Es preise Dich Maria, deine aller= reinste Mutter: mit ihr verehre ich Dich, mit ihr bete ich Dich an.

Ihr alle Engel des Himmels, alle Heiligen und Auserwählten Gottes: lobet und preiset das hochheiligste Al= tarssakrament!

Ihr alle Menschen auf dem Erd= kreise: kommet vor dieses heiligste Ge= heimniß und preiset euern Schöpfer und Erlöser, euern Herrn und Gott, der da unter uns und in unserer Mitte wohnet.

Gepriesen, o Jesu, sei deine Weis= heit, in welcher Du dieses wunder= bare Sakrament erfunden hast: ge= priesen sei deine Allmacht, in welcher Du dasselbe täglich neu wirkest!

Lob und Dank sei Dir: für dieses heiligste Sakrament, in welchem Du Dich selbst zum immerwährenden Opfer

und zur Speise unserer Seelen hinter=
lassen hast!

Lob und Dank sei Dir: für dein
heiligstes Herz, womit Du uns bis
in den Tod geliebt hast!

O Herz Jesu, hier in dem heilig=
sten Sakramente wahrhaft gegenwär=
tig: Ehre sei Dir, Anbetung und ewi=
ges Lob!

Was kann ich Dir, o Herr, er=
statten: für Alles, was Du mir Gutes
erwiesen hast?

Immerdar will ich Dich preisen:
die Güte deines heiligsten Herzens will
ich erhöhen in Ewigkeit.

Lob und Preis und Dank sei jetzt
und ohne End': dem heiligsten und
göttlichsten Sakrament!

Die Ehre sei dem Vater 2c.

### Dritter Psalm.
### Vertrauen auf Gott.

Wie gut bist Du, o Herr, wie
gut gegen jene, die auf Dich vertrauen:

ja wahrhaft gut gegen die Seele, die
Dich sucht!

Denket doch gut von dem Herrn:
Er verläßt jene nicht, die Ihn auf=
richtig suchen.

Durch Dich, o Herr, werde ich
der Versuchung entgehen: mit Dir,
meinem Gott, werde ich alle Hinder=
nisse meines Heiles siegreich überwinden.

Wenn Du auch Noth und Trüb=
sal über mich verhängst: Du bist und
bleibst dennoch meine Hoffnung und
mein Heil.

Ja, auf Dich, o Gott, vertraue
ich und spreche getrost: Du bist mein
Gott, mein Schutz und Retter!

Müßt' ich sogar durch's dunkle
Thal des Todes wandern: ich fürchte
doch kein Leid, denn Du, o Herr, bist
bei mir.

Du, o Herr, sorgest für mich und
führest mich: mein Loos liegt in deinen
Händen

Auf Dich, o Herr, vertraue ich:

Keiner wird zu Schanden, der auf Dich seine Hoffnung setzt.

Der Vater im Himmel speiset die Vögel der Luft und kleidet die Blu=men des Feldes: wie könnte Er denn meiner vergessen?

Halte dich nur an Ihm, meine Seele, und handle mannhaft: bleibe nur stark, mein Herz, und halte dich fest und standhaft an Gott den Herrn.

Alle deine Wege befiehl dem Herrn: Er wird's machen, Er läßt den Ge=rechten nicht ohne Hilfe.

Warum bist du denn so traurig, meine Seele, warum so bange? Hoffe auf Gott: Er verläßt die Seinen nicht.

Wer auf den Herrn vertraut, bleibt unerschüttert: er steht fest da — fest wie der Berg Sion, der ewig nicht wanket.

Ich hoffe auf Dich, o Herr: ewig nie werd' ich zu Schanden werden.

Die Ehre sei dem Vater 2c.

### Vierter Psalm.
#### Anpreisung der Gottesfurcht.

Selig sind, die Gott fürchten: selig, die auf den Wegen Gottes wandeln!

Wer Gott fürchtet, wird vor nichts erschrecken: Gott ist seine Stärke in jeder Trübsal.

Wie herrlich sind die Früchte der Gottesfurcht: sie ist der Anfang aller wahren Weisheit.

Gottesfurcht ist zu Allem nützlich: sie hat die Verheißung dieses und des zukünftigen Lebens.

Des Herrn Augen schauen durch alle Lande: Er stärket die, so von ganzem Herzen an Ihn sich halten.

Wie gut ist's, dem Herrn anhan= gen: Er erfüllt das Herz seiner Die= ner mit lieblichem Frieden und unter= stützt ihren Geist mit himmlischer Kraft.

Ihr Gerechten und Frommen, seid fröhlich im Herrn immerdar: die Red= lichen dürfen mit Recht sich freuen.

Nahe ist der Herr Allen, die Ihn

anrufen: Allen, die Ihn anrufen in Wahrheit.

Er thut, was jene wünschen, die Ihn fürchten: Er erhört ihr Flehen und rettet sie.

Er schützt Alle, die Ihn lieben: die Sünder tilgt Er weg.

Wer auf Böses sinnet und Sünde thut: der geht auf Wegen, die nur Unheil und Verderben bringen.

Durchdringe, o Gott, mein Fleisch und meine Seele mit deiner heiligen Furcht: auf daß deine Gerichte mich nicht mit Schrecken erfüllen.

Gib Kenntniß mir vom Wege, den ich wandeln soll: lehre mich vollbringen deinen Willen.

Die Ehre sei dem Vater ꝛc.

**Lesung aus dem Briefe an die Römer 11, 33.**

O Tiefe des Reichthums, der Weisheit und der Erkenntniß Gottes! Wie unbegreiflich sind seine Gerichte und wie unerforschlich seine Wege! Von

Ihm und durch Ihn und in Ihm ist Alles. Ihm sei Ehre in Ewigkeit! A.

### Kirchen-Hymnus.

Schon sinkt der Sonne Feuerschein;
O ew'ges Licht, Dreifaltigkeit
Und ungetheilte Einigkeit!
Gieß' Lieb' in unsre Herzen ein.

Wir singen in der Früh' Dir Preis
Und fleh'n des Abends spät zu Dir;
Gib, daß dereinst in Andacht wir
Dich loben in der Heil'gen Kreis.

Dem Vater und dem Sohn' zugleich
Und Dir, o Geist der Heiligkeit,
Sei, wie sie war, so allezeit
Verherrlichung im ew'gen Reich!

℣. Unser Abendgebet steige empor, o Herr, vor dein Angesicht:

℟. Und deine Barmherzigkeit steige auf uns hernieder!

### Der Lobgesang Mariä. (Magnificat.)

Meine Seele erhebt den Herrn: und mein Geist frohlocket in Gott, meinem Heilande.

Denn Er hat auf die Niedrigkeit seiner Magd herabgesehen: siehe, von nun an werden mich alle Geschlechter selig preisen.

Denn Großes hat an mir gethan, der da mächtig ist: heilig ist sein Name.

Und seine Barmherzigkeit währet von Geschlecht zu Geschlecht: denen, die Ihn fürchten.

Er übet Macht mit seinem Arme: die stolzen Herzens sind, zerstreuet Er.

Die Gewaltigen stürzt Er vom Throne: die Niedrigen erhöhet Er.

Die Hungrigen erfüllt Er mit Gütern: und die Reichen läßt Er leer ausgehen:

Er hat sich Israel, seines Knechtes angenommen: eingedenk seiner Erbarmungen

Wie Er unsern Vätern verheißen hat: Abraham und seinen Nachkommen auf ewig.

Die Ehre sei dem Vater 2c.

**14**

V. Herr, erbarme Dich unser!

R. Christe, erbarme Dich unser!

V. Herr, erbarme Dich unser!

Vater unser, der Du bist 2c.

V. Und führe uns nicht in Ver=
suchung:

R. Sondern erlöse uns von dem
Uebel.

V. Herr, erhöre mein Gebet:

R. Und laß mein Rufen zu Dir
kommen!

### Lasset uns beten!

Allmächtiger, ewiger Gott, der Du
uns, deinen Dienern, verliehen hast,
im Bekenntnisse des wahren Glaubens
die Herrlichkeit der ewigen Dreifaltig=
keit zu erkennen und in der Macht
der Majestät die Einheit anzubeten:
wir bitten Dich, verleihe, daß wir
durch die Festigkeit dieses Glaubens
gegen alle Widerwärtigkeiten geschützt
werden, durch Christum, unsern Herrn.
Amen.

V. Herr, erhöre mein Gebet:

R. Und laß mein Rufen zu Dir kommen!

V. Lasset uns den Herrn preisen!

R. Gott sei Dank!

V. Und die Seelen aller abge=storbenen Gläubigen mögen durch die Barmherzigkeit Gottes im Frieden ruhen!

R. Amen.

## Das Salve Regina.

### 1.

Sei, o Königin, gegrüßet,
Die das Leben uns versüßet,
    Uns're Hoffnung, uns're Freud',
    Mutter der Barmherzigkeit.

### 2.

Evens arme Kinder rufen
Auf zu deines Thrones Stufen,
    Seufzen nach dir allzumal,
    Weinend hier im Thränenthal.

### 3.

Ach, Fürsprecherin am Throne
Bei dem eingebornen Sohne,
    Holde Mutter, liebe Frau,
    Mit Erbarmen auf uns schau!

### 4.

Zeig' nach diesen Leidenstagen
Uns die Frucht, die du getragen,
    Jesum hochgebenedeit
    Und geliebt in Ewigkeit!

O milde, o gütige, o süße Jungfrau Maria!

V. Bitt für uns, o heilige Gottesgebärerin:

R. Auf daß wir würdig werden der Verheißungen Christi.

#### Lasset uns beten!

Allmächtiger, ewiger Gott, der Du den Leib und die Seele der glorreichen Jungfrau und Mutter Maria, damit sie eine würdige Wohnung deines Sohnes zu werden verdiene, durch die Mitwirkung des heiligen Geistes vorbereitet hast: verleihe, daß wir, die wir ihres Andenkens uns erfreuen, durch ihre milde Fürbitte von allen bevorstehenden Uebeln und dem ewigen Tode befreit werden: durch denselben Christum, unsern Herrn. Amen.

Gloria in excelsis Deo

## Achter Abschnitt.
# Andachten auf die heiligen Zeiten und Feste des Herrn.

## In der heiligen Adventzeit.

O ewiger Gott, allmächtiger Schöpfer! Du siehst in den Menschen das Werk deiner Hände und dein Ebenbild; verschmähe uns nicht, „neige die Himmel und komme," uns zu erlösen.

Guter Hirt, der Du die neunundneunzig Schafe auf den ewigen Bergen weidest, komme und suche barmherzig das hundertste auf, das sich verirrte.

Komm, o barmherziger Samaritan, und heile die schwer verwundete

Menschheit, die im Thale der Thränen dem Tode so nahe liegt. Nur bei Dir ist Heilung und Erlösung; nur Du kennst die Tiefe unserer Todes= wunden und Du, Du allein kannst sie mit dem Oele deiner Barmherzig= keit heilen.

Komm, Du wahres und lebendi= ges Licht, der Du jede Seele erleuch= test, die sich im Glauben Dir nahet und bei Dir Hilfe sucht! O erleuchte und erweiche auch unsere so kalten Herzen, daß wir Dich erkennen, Dich lieben und Dir eifrig dienen.

Komme, o unser Gott, und sei uns Alles in Allem, daß wir Eins werden mit Dir, sowie Du mit dei= nem himmlischen Vater Eins bist. Komme, damit wir durch die Kraft deines Blutes gereinigt, geheiligt und immer vervollkommnet werden in der thätigen Liebe zu Dir und zu unsern Mitmenschen.

Komm, o ewige Weisheit! zeige

uns den Weg der christlichen Klugheit.
O König der Glorie, nach welchem
die Völker sich sehnten! komm und
errette uns von der Sünde und allen
ihren unseligen Folgen.

### Kirchengebete.

Wir bitten Dich, o Herr, erwecke
deine Macht und komme zu uns, da=
mit wir von den bevorstehenden Ge=
fahren der Sünde durch deinen Schutz
gerettet und durch deine Erlösung selig
werden. (1. Adventsonntag.)

Erwecke, o Herr, unsere Herzen,
um in denselben deinem eingebornen
Sohne seine Wege zu bereiten, damit
wir durch seine Ankunft in den Stand
gesetzt werden, Dir mit gereinigtem
Herzen zu dienen. (2. Adventsonntag.)

Wir bitten Dich, o Herr, neige
dein Ohr zu unserm Gebete und er=
leuchte die Finsternisse unserer Seele
durch deine gnadenreiche Heimsuchung.
(3. Adventsonntag.)

Wir bitten Dich, o Herr, erwecke deine Macht und komme zu uns, und steh' uns bei mit großer Kraft, damit durch die Hilfe deiner Gnade deine Verzeihung und Nachsicht dasjenige befördern, was sonst unsere Sünden verhindern würden. Der Du lebest und regierest mit Gott dem Vater in Einigkeit des heiligen Geistes, Gott von Ewigkeit zu Ewigkeit. Amen. (4. Adventsonntag.)

## Am hochheiligen Weihnachtsfeste.

### Anbetung des göttlichen Kindes.

Göttliches, liebenswürdigstes Kind! wer verleiht es mir, daß ich das Uebermaß deiner Huld und Liebe genugsam bewundere und zugleich anbete? Du, von Ewigkeit der eingeborne Sohn des lebendigen Gottes, der höchste Herr des Himmels und der Erde, Du, der König aller Könige, verlässest den glorreichen Thron deines

himmlischen Vaters und kommst als
ein armes, weinendes Kind in unser
Thränenthal, auf diese elende Erde.
So suchst Du uns heim; so willst Du
unser Vermittler und Erlöser sein!
O der unendlichen Barmherzigkeit, o
der wunderbaren Gnade, welche Du
uns sündigen Menschen erweisest!

Auch gegen mich zeigst Du dieselbe
Barmherzigkeit, auch mir wird dieselbe
Gnade zu Theil! In dem Augenblicke,
als Du angefangen hast, zu leben,
hast Du auch als Gottmensch ange=
fangen, mich zu lieben. Du hast mich
so inbrünstig geliebt, daß Du Dich
jetzt schon in der Krippe — für mich
zum Tode aufgeopfert hast. O welch'
ein gutes und welch' ein mitleidiges
Herz mußtest Du nicht gehabt haben!
So sei denn geliebt und gelobt über
alle Engel und Menschen, o süßestes
Kindlein Jesu!

Doch wie? dein Herz brennt vor
Liebe zu uns Menschen — und auch zu

mir; und das meinige ist so kalt, so
verhärtet und unempfindlich! Ach, was
habe ich wohl je aus Liebe zu Dir
unternommen oder vollbracht? Habe
ich nicht vielmehr so oft und so schwer
Dich beleidigt? Könnte ich doch mei=
nen Kaltsinn oder alle meine Sünden
beweinen und dafür dem beleidigten
Gott Genugthuung leisten!

Du, o holdestes Kind Jesu, ver=
gießest in der Krippe bittere Thränen
— und warum? Mit Freude siehst
Du deinem Kreuze und allen deinen
Leiden entgegen; aber Du weinest über
unsere Sünden, über unsern Undank.
O Sünde, o ungeheures, o einziges
Uebel!

Ja, o gebenedeites Kindlein Jesu,
ich bezeuge es vor Dir, daß ich alle
meine Sünden verabscheue und hasse.
Ich will auch in Zukunft deine große
Liebe Dir besser zu vergelten suchen.
O Du verlangst ja von mir nur sehr
wenig — eine kleine Abtödtung des

Fleisches, eine kurze Unterdrückung ei=
ner unordentlichen Neigung, eine ge=
ringe Unterwerfung meines Willens,
eine kleine Uebung der Geduld, Sanft=
muth, Liebe und solcher Tugenden.
Laß mich doch mit deiner Gnade ähn=
liche Opfer Dir täglich, bei jeder Ge=
legenheit, darbringen. Du, Allmäch=
tiger, gib mir den Geist wahrer Buß=
fertigkeit, damit ich alle bösen Ge=
lüste fliehe und fromm und gottselig
lebe.

### Kirchengebet.

Allmächtiger Gott! wir bitten Dich
demüthig, daß die neue Geburt deines
eingebornen Sohnes im Fleische uns
aus der alten Dienstbarkeit und vom
Joche der Sünde befreien möge. Durch
denselben Christum, unsern Herrn. A.

# Am Schlusse des Jahres.

## Dank, Reue und Bitte.

Allmächtiger, ewiger Gott! sollte ich
wohl dieses Jahr beschließen können, ohne an Dich zu denken und
deine unaussprechliche Güte zu preisen?
O nur Dir habe ich's zu verdanken,
daß ich wieder ein ganzes Jahr erlebt
habe. Und nicht nur hast Du mich
in dieser Zeit am Leben erhalten, Du
hast mir jetzt auch so viele, so un-
zählige leibliche und geistige Wohlthaten erwiesen.

Für alle diese großen und unver-
dienten Gnaden sage ich Dir, o gütigster Vater! den herzlichsten Dank.
Nimm als Dankopfer mit Wohlgefallen
an — Alles das, was Jesus Christus, dein göttlicher Sohn, hier auf
Erden gethan und gelitten hat. Auch
opfere ich Dir in der gleichen Absicht
auf — alle guten Werke, welche die
jungfräuliche Gottesmutter Maria und

alle deine Heiligen hienieden verrichtet
haben!

Doch ach! Du bist gegen mich so lieb=
reich, so freigebig gewesen — aber ich?
Wie oft habe ich deine Wohlthaten miß=
braucht, um Dich zu beleidigen! Wie
viel Böses habe ich in diesem ganzen
Jahre begangen! wie viel Gutes ver=
nachläſſigt! O Gott! ich habe deine
Güte mit Beleidigungen, deine Liebe
mit Uebertretungen deiner heiligen Ge=
bote vergolten. Vater! ich bekenne
meine große Schuld! ich bekenne meine
vielfältigen Sünden. Um der Liebe
Jesu willen sei mir barmherzig und
verzeihe mir alle meine Miſſethaten
und jede Trägheit im Guten. Wenn
Du mir das Leben fristest, so will ich
mit deiner Gnade mich bessern. Mit
diesem guten Vorsatz, mit diesem ernst=
lichen Willen beschließe ich das abge=
laufene Jahr.

Ja Dir, Dir und nach deinem
Wohlgefallen will ich in Zukunft leben.

Dir will ich eifrig dienen. Du aber, o Allmächtiger, bekräftige mit deiner Gnade, was ich Dir jetzt aufrichtig verspreche. Darum bitte ich Dich im Namen Jesu, deines göttlichen Sohnes, meines Herrn und Heilandes, der mit Dir und dem heiligen Geiste als Ein Gott lebt und regiert in alle Ewigkeit. Amen.

## Das Te Deum laudamus.

### Herr Gott, Dich loben wir.

Dich, o Gott, loben wir: Dich, den Herrn preisen wir.

Dich, den ewigen Vater, verehrt der ganze Erdkreis.

Dir lobsingen alle Engel; Dir alle Himmel und alle Kräfte.

Dir rufen ohne Ende alle Cherubim und Seraphim mit unermüdlicher Stimme zu:

Heilig, heilig, heilig bist Du, Herr Gott der himmlischen Heerschaaren!

Himmel und Erde sind voll von der Majestät deiner Herrlichkeit.

Dich lobt der preiswürdige Chor der Apostel;

Dich preist die ruhmvolle Zahl der Propheten;

Dich erhebt das glänzende Heer der Martyrer;

Dich bekennt die heilige Kirche durch die ganze weite Welt;

Dich, den Vater unermeßlicher Majestät;

Deinen anbetungswürdigen, wah= ren, einzigen Sohn;

Deßgleichen den Tröster, den hei= ligen Geist.

Christus, Du bist der König der Herrlichkeit!

Du hast, um uns Menschen zu erlösen, den Schooß der Jungfrau nicht gescheut.

Du hast des Todes Stachel über= wunden und den Gläubigen das Reich des Himmels erschlossen.

Du thronest zur Rechten Gottes, in der Herrlichkeit des Vaters.

Du wirst, wie der Glaube uns lehrt, als Richter wiederkommen.

Daher bitten wir Dich: Komm deinen Dienern zu Hilfe, die Du mit deinem kostbaren Blute erlöset hast!

Laß unsere Namen einst deinen Heiligen im Lande der ewigen Glorie beigezählt werden!

Hilf, Herr, deinem Volke, und segne dein Erbe!

Und leite sie, und erhalte sie ewiglich.

Tag für Tag wollen wir Dich preisen,

Und loben deinen Namen immer= dar und in alle Ewigkeit.

Erhalte uns, o Herr, von Sünde frei diesen Tag hindurch.

Erbarme Dich unser, o Herr, er= barme Dich unser!

Es walte deine Barmherzigkeit über uns, wie wir auf Dich hoffen.

Ja, auf Dich, o Herr, vertraue ich; laß mich nicht zu Schanden werden in Ewigkeit! —

℣. Laßt uns preisen den Vater, Sohn und heiligen Geist:

℟. Ewig währe unser Lob und unsere Anbetung des dreieinigen Gottes.

### Gebet.

O Gott! deine Erbarmungen sind ohne Zahl und die Schätze deiner Güte unermeßlich. Du gibst den Flehenden, um was sie bitten, und bist nahe jenen, die Dich anrufen. Wir danken deiner Majestät, die ganz Liebe ist, für alles Gute, das Du uns erwiesen hast, und flehen ohne Unterlaß zu deiner Milde, die ganz Weisheit ist, daß Du uns zu der Belohnung des zukünftigen Lebens weise vorbereiten und gnädig hinüberleiten wollest: durch Christum, unsern Herrn. Amen.

# Am Neujahrstage.

## Die ersten Bittseufzer im neuen Jahre.

Dreieiniger Gott, Vater, Sohn und heiliger Geist! in tiefster Demuth falle ich jetzt vor Dir nieder. Von ganzem Herzen danke ich Dir, daß Du mich diese Erstlingsstunde eines neuen Jahres hast erleben lassen.

Und wozu erhaltest Du mich noch länger am Leben? Wozu schenkest Du mir wieder ein neues Jahr? Einzig und allein dazu, daß ich Dir noch länger und eifriger dienen, mehr Gutes thun und das Heil meiner Seele besser als bis anhin wirken soll. O daß es doch also geschehen möchte, so daß ich mit dem neuen Lebensabschnitt auch reicher werde an guten Werken, reicher an vielen Verdiensten für die Ewigkeit!

Doch wie bald vergesse ich's wieder, daß ich nicht für diese, sondern für eine andere Welt, für den Himmel erschaffen und bestimmt bin! Wie ein Rauch, wie ein Schatten, so gehen meine Tage und Jahre vorüber — und ich denke leider nicht an die Kürze und Flüchtigkeit dieser Zeit! Mit jedem Jahre, ja gleichsam mit jedem Schritt und Tritt komme ich dem Grabe und der Ewigkeit näher — und dennoch sinne und denke ich nur an das Zeitliche, an das Vergäng= liche und suche so wenig die ewig dauernden Güter!

Gütigster Vater im Himmel, Du o Gott meines Lebens! Verleihe in deiner Barmherzigkeit, daß ich mit dem heutigen Tage anfange, die so kostbare Zeit besser zu benützen zur Erfüllung deines göttlichen Willens und zum Fortschritt in jeder Tugend, die mein Stand und Beruf von mir fordern. Ja „diese angenehme Zeit, diese Tage des Heils" (2. Cor. 6, 2.) will ich mit deiner Gnade so gebrau= chen, daß ich desto sicherer zur himm= lischen Seligkeit gelange.

Und Du, o göttlicher Heiland, dessen heilbringender Name Jesus heute in dem Evangelium verkündet wird: sei Du wahrhaft auch mein Erlöser, mein Jesus! In deinem heiligsten Namen will ich jeden Tag dieses neuen Jahres anfangen, — will Alles zu deiner Ehre, in Vereinigung mit Dir und nach deinen schönsten Tugendbeispielen vollbringen.

Damit ich aber diesen guten Vorsatz getreu und eifrig in's Werk setze, so verleihe mir immerdar den allmächtigen Beistand des heiligen Geistes. Dieser göttliche Geist, der in uns das Wollen und Vollbringen alles Guten (Phil. 2, 13.) bewirkt — o Er bewahre mich vor jeder schweren Sünde, sowie vor schweren Versuchungen! Er stärke mich zu jeder Tugend!

O allmächtiger und gütiger Gott! höre und erhöre doch die erste Bitte, welche ich in dem neuen Jahre zu

Dir emporsende. Es geschehe in dem hochheiligen Namen Jesu! Amen.

## Am Feste der Erscheinung des Herrn.
### (Heil. drei Könige.)

Göttlicher Heiland, Du höchster König des Himmels und der Erde! mit den heiligen drei Königen falle ich im Geiste vor deiner Krippe nieder.

Ich bete Dich in Demuth an, indem ich Dich erkenne als den ewigen Sohn Gottes, des himmlischen Vaters, der Du aus Maria der reinsten Jungfrau wahrer Mensch geworden bist und unter uns als Gottmensch gewohnt hast. O mit Freude verehre ich Dich als meinen Herrn und Gott, als meinen Erlöser und Seligmacher. Ich danke Dir recht herzlich, daß Du auch mich zu dem allein wahren christkatholischen Glauben berufen hast. Laß Dir doch meine Anbetung und Danksagung wohlgefällig sein, gleichwie Du die

Huldigung und die Opfer jener from=
men Männer aus dem fernen Morgen=
lande in Gnaden aufgenommen haft!

O daß aber auch ich ein ange=
nehmes Opfer Dir darbringen könnte!
Sieh, anstatt des Goldes schenke und
weihe ich Dir mein Herz. Ach, ich
weiß wohl, wie sehr Du all' meine
Liebe verdienst; doch wie gering, wie
kalt ist diese Liebe in mir! O ich
bitte inbrünstig, Du wollest doch dieses
mein unreines Herz von jeder Sünde
reinigen und es mehr und mehr mit
dem Feuer der göttlichen Liebe ent=
zünden.

Ich sollte auch alle Tage und
zwar öfters im Tage recht gläubige,
recht innige Gebete zu Dir verrichten.
Möchte ich doch hierin eifriger werden!
Möchten doch solche Dir wohlgefällige
Andachtsübungen aus meinem Herzen
gleich wohlriechendem Weihrauch, zu
dem Throne deiner Erbarmungen em=
porsteigen!

Auch die dritte Opfergabe, die bittere Myrrhe nämlich, kann ich so vielmal Dir darbringen, und ich will es wirklich thun — durch geduldige Ertragung aller Widerwärtigkeiten, die Du mir jetzt und in Folge zuschicken wirst.

Zu dem Allem verleihe mir, o Jesu, deine allmächtige Gnade und befestige mich in meinen guten Gesinnungen, damit ich, wie jene heiligen Könige, mein ganzes Leben nach deinen göttlichen Lehren einrichte und bis an's Ende im Guten verharre. Amen.

### Kirchengebet.

O Gott, der Du an diesem Tage deinen Eingebornen den Heiden durch einen Stern geoffenbaret hast: verleih' uns gnädigst, daß wir, die wir Dich im Lichte des Glaubens schon erkannt haben, durch deine Gnade auch zur Anschauung deiner Herrlichkeit geführt

werden mögen: durch denselben Je=
sum Christum, unsern Herrn. Amen.

## Auf das Fest des heil. Namens Jesu.

### Inbrünstiges Gebet zu Jesus.

O guter Jesus! o liebreichster Jesus!
o süßester Jesus! o Jesus, Du
Sohn der Jungfrau Maria, voll der
Barmherzigkeit und Liebe! o mild=
reichster Jesus! ich bitte Dich durch
das kostbare Blut, welches Du für
die Sünder hast vergießen wollen:
wasche ab alle meine Missethaten und
siehe gnädig auf mich Elenden und
Unwürdigen, der ich Dich demüthig
um Verzeihung bitte und deinen hei=
ligen Namen andächtig anrufe.

O Namen Jesu, süßer Name!
Namen Jesu, erfreuender Name! Na=
men Jesu, stärkender Name! Denn was
heißt Jesus anders als „Seligmacher“?
So sei denn, o Jesu, um deines hei=
ligen Namens willen, auch mir wahr=

haft Jesus und mache mich selig; laß
nicht zu, daß ich verdammt werde,
der Du mich durch dein kostbares Blut
für den Himmel erkauft hast.

Gütigster Jesus! laß an mir nicht
verloren gehen, was Du für mich
Großes gethan hast. Erkenne an mir
das Werk deiner Hände und zugleich
deinen Erlösten, für welchen Du dein
eigenes Leben dahingegeben. Erbarme
Dich meiner, so lange noch die Zeit
der Erbarmung währt, damit Du mich
nicht verdammest zur Zeit des Gerichtes. Und was wäre auch der
Nutzen deines Blutes, wenn ich in's
ewige Verderben stürzte?

O geliebtester Jesus! o huldreich-
ster Jesus! o Jesus, Jesus, Jesus!
nimm mich auf in die Zahl deiner
Auserwählten. O Jesus, Du Heil
derer, die an Dich glauben! o Jesus,
Du Trost jener, die zu Dir fliehen!
o Jesus, in dem wir die Vergebung
der Sünden erhalten! ergieße in mein

Herz deine Gnade, himmlische Weis=
heit, heilige Liebe und die schöne Tu=
gend der Keuschheit, damit ich Dich
recht eifrig lieben, würdig loben, Dir
getreu dienen, in Dir mich rühmen und
einst Dich im Himmel genießen könne.
Dieses verleihe in deiner Barmherzig=
keit ebenso allen denen, die deinen
heiligen Namen verehren und anrufen;
ja bewirke es in deiner Allmacht, daß
auch alle heidnischen Völker und Un=
gläubigen zur Erkenntniß und Liebe
deines heiligen Namens gebracht wer=
den, damit Alle zur ewigen Seligkeit
gelangen. Amen.

### Litanei vom heil. Namen Jesu.*)

Herr, erbarme Dich unser!
Christe, erbarme Dich unser!
Herr, erbarme Dich unser!
Christe, höre uns!
Christe, erhöre uns!
Gott Vater vom Himmel, erbarme Dich
    unser!

---

*) Diese Litanei ist vom Papste Pius IX.
im Jahre 1862 gutgeheißen und empfohlen worden.

Gott Sohn, Erlöser der Welt, erbarme
 Dich unser!
Gott heiliger Geist,*)
Heiligste Dreifaltigkeit, ein einiger Gott,
Jesu, Du Sohn des lebendigen Gottes,
Jesu, Du Abglanz des ewigen Vaters,
Jesu, Du Glanz des ewigen Lichtes,
Jesu, Du König der Herrlichkeit,
Jesu, Du Sonne der Gerechtigkeit,
Jesu, Du Sohn der Jungfrau Maria,
Du liebenswürdigster Jesus,
Du wunderbarer Jesus,
Jesu, Du starker Gott,
Jesu, Du Vater des zukünftigen Lebens,
Jesu, Du Engel der göttlichen Rathschlüsse,
Du allmächtiger Jesus,
Du geduldigster Jesus,
Du gehorsamster Jesus,
Jesu, von Herzen sanftmüthig und de=
 müthig,
Jesu, Du Liebhaber der Keuschheit,
Jesu, Du Liebhaber unserer Seelen,
Jesu, Du Gott des Friedens,
Jesu, Du Urheber des Lebens,
Jesu, Du Vorbild aller Tugenden,
Jesu, Du Eiferer für das Heil der Seelen,
Jesu, unser Gott,

---

*) Erbarme Dich unser!

Jesu, unsere Zuflucht, erbarme Dich unser!
Jesu, Du der Vater der Armen,*)
Jesu, Du der Schatz der Gläubigen,
Jesu, Du guter Hirt,
Jesu, Du wahres Licht,
Jesu, Du ewige Weisheit,
Jesu, Du unendliche Güte,
Jesu, unser Weg und unser Leben,
Jesu, Du Freude der Engel,
Jesu, Du König der Patriarchen,
Jesu, Du Meister der Apostel,
Jesu, Du Lehrer der Evangelisten,
Jesu, Du Stärke der Martyrer,
Jesu, Du Licht der Bekenner,
Jesu, Du Reinheit der Jungfrauen,
Jesu, Du Krone aller Heiligen,
Sei uns gnädig: verschone uns, o Jesu!
Sei uns gnädig: erhöre uns, o Jesu!
Von allem Uebel, erlöse uns, o Jesu!
Von aller Sünde,**)
Von deinem Zorne,
Von den Nachstellungen des Satans,
Von dem Geiste der Unlauterkeit,
Von dem ewigen Tode,
Von der Vernachläßigung deiner Einspre-
    chungen,

————————————

*) Erbarme Dich unser!
**) Erlöse uns, o Jesu!

Durch das Geheimniß deiner heiligen Mensch-
    werdung, erlöse uns, o Jesu!

Durch deine Geburt,\*)

Durch deine Kindheit,

Durch dein ganz göttliches Leben,

Durch deine Mühen und Arbeiten,

Durch deine Todesangst und all dein Leiden,

Durch dein Kreuz und deine Verlassenheit,

Durch alle deine Schmerzen,

Durch deinen Tod und Begräbniß,

Durch deine Auferstehung,

Durch deine Himmelfahrt,

Durch deine Freuden im Himmel,

Durch deine Herrlichkeit,

O Du Lamm Gottes, das Du hinweg-
    nimmst die Sünden der Welt: verschone
    uns, o Jesu!

O Du Lamm Gottes, das Du hinweg-
    nimmst die Sünden der Welt: erhöre
    uns, o Jesu!

O Du Lamm Gottes, das Du hinweg-
    nimmst die Sünden der Welt: erbarme
    Dich unser, o Jesu!

Jesu, höre uns!

Jesu, erhöre uns!

    Vater unser ꝛc.

---

\*) Erlöse uns, o Jesu!

### Gebete.

Herr Jesus Christus, der Du ge=
sagt hast: Bittet, und ihr werdet
empfangen; suchet, und ihr werdet
finden; klopfet an, und es wird euch
aufgethan werden; verleihe uns, wir
bitten Dich, auf unser Flehen die An=
muthung deiner göttlichen Liebe, um
Dich von ganzem Herzen, mit Wort
und That zu lieben und nimmer in
deinem Lobe zu ermüden.

Laß uns, o Herr, deinen heiligen
Namen allezeit ebenso fürchten als
lieben, da Du ja niemals Denen deine
weiseste Führung entziehest, welche Du
zu deiner Liebe anleitest und in der=
selben fest begründest: der Du lebst
und regierst in alle Ewigkeit. Amen.

## In der heiligen Fastenzeit.

### Vor einem Kruzifixbilde.

O Jesus Christus, König des Him=
mels und der Erde, unser liebreich=
ster Herr und Heiland! ich bete Dich

an und preise Dich, der Du mich
und die ganze Welt so wunderbar und
theuer erlöset hast. O welches kostbare
und wirksame Opfer hast Du für mich
auf dem Altare des Kreuzes darge=
bracht! O wie viel hast Du gearbeitet
und gelitten, bis Du das Opfer, das
Du angefangen, auch vollbracht hast!

Bei dem Holze hatte der Satan
uns verführt und verderbt, aber durch
das Holz des Kreuzes hast Du den
Feind wieder besiegt, uns gnädig er=
löset, und uns das ewige Heil er=
worben. O kostbares Holz, wirksames
Zeichen der Erlösung! o vortrefflicher
Baum, welcher die Frucht des ewigen
Lebens hervorbrachte!

Aber ach, gütigster Jesus, wie so
ganz ermattet hast Du diese so schwere
Last des Kreuzes den langen, beschwer=
lichen und rauhen Weg bis zum Kal=
varienberge auf deinen Schultern ge=
tragen! Mit welcher Qual sind deine
heiligsten Hände und Füße von Nä=

geln durchbohrt und am Kreuze be=
festigt worden! Wie grausam wurde
am Kreuze dein ganzer Körper aus=
gedehnt, so daß alle deine Glieder
zerrissen, und alle deine Gebeine ge=
zählt werden konnten!

Und warum hast Du alles dieses
gelitten? Du wolltest durch dein un=
schuldiges Blut unsere Schulden tilgen
und das gegen uns gesprochene Ver=
dammungsurtheil vernichten, und so
durch deinen Tod am Kreuze Alles
versöhnen und zum Frieden führen,
was auf Erden und was im Himmel ist.

Deßhalb, mein liebster Heiland,
Jesus Christus, treuester Hirt meiner
Seele! nimm mich unwürdiges Ge=
schöpf und dein verirrtes Schaf gnä=
dig auf. Laß an mir armen Sünder
dein bitteres Leiden und Sterben nicht
verloren gehen. Oeffne mir dein Herz
und deine Wunden, damit ich mich
mit meinen Armseligkeiten und Sün=
den in ihnen verberge und dort ge=

reinigt und beschützt werde. Kreuzige
in mir die böse Begierlichkeit sammt
ihren Gelüsten und Lastern. Rotte
aus alle meine Hoffart, Eitelkeit und
alle meine verkehrten Neigungen, und
erneuere in meinem Innern den rech=
ten Geist der Frömmigkeit.

Erwecke in mir den ernstlichen und
wirksamen Willen zu jedem guten
Werke und eine aufrichtige Liebe zu
Dir. Du hast gesagt: „Wann Ich
werde von der Erde erhöhet sein, werde
Ich Alles an Mich ziehen." O zieh'
mich zu Dir, damit mich in Ewigkeit
nichts mehr von Dir scheiden könne.
Du hast ja auch für mich das Kreuz
bestiegen und bist nicht von demselben
herabgestiegen, bis Du das Werk mei=
ner Erlösung gänzlich vollbracht hattest.
O laß es doch nicht geschehen, daß
ich dieses dein Werk meines Heiles
durch meine Sünden zu Grunde richte.
Rette mich, sei mir barmherzig und
gib, daß ich unter der Zahl deiner

Erlösten dereinst im Himmel mich ein=
finden und Dich mit ihnen ewig loben
und preisen kann. Amen.

(Peter Canisius.)

### Litanei vom Leiden Jesu.

Herr, erbarme Dich unser!
Christe, erbarme Dich unser!
Herr, erbarme Dich unser!
Christe, höre uns! Christe, erhöre uns!
Gott Vater vom Himmel, erbarme Dich unser!
Gott Sohn, Erlöser der Welt,*)
Gott heiliger Geist,
Heiligste Dreifaltigkeit, ein einiger Gott,
Jesu, der Du um dreißig Silberlinge ver=
kauft wurdest,
Jesu, der Du am Oelberge Blut geschwitzt
hast,
Jesu, der Du von deinem Jünger ver=
rathen wurdest,
Jesu, der Du gefangen und gebunden
wurdest,
Jesu, der Du falsch angeklagt wurdest,
Jesu, der Du geschlagen und verspieen
wurdest,
Jesu, der Du zu Pilatus und Herodes ge=
führt wurdest,

_____

*) Erbarme Dich unser!

Jeſu, der Du unſchuldig verurtheilt wur=
deſt, erbarme Dich unſer!

Jeſu, der Du gegeißelt und mit Dornen
gekrönt wurdeſt,*)

Jeſu, der Du ſelbſt dein Kreuz getragen
haſt,

Jeſu, der Du entkräftet mit dem Kreuze
gefallen biſt,

Jeſu, der Du mit Nägeln an das Kreuz
geheftet wurdeſt,

Jeſu, der Du am Kreuze für uns erhöht
wurdeſt,

Jeſu, der Du für deine Henker gebetet haſt,

Jeſu, der Du dem Schächer das Paradies
verſprochen haſt,

Jeſu, der Du deine Mutter dem Johannes
empfohlen haſt,

Jeſu, der Du Dich über die Verlaſſenheit
von deinem Vater beklagt haſt,

Jeſu, der Du mit Galle und Eſſig getränkt
wurdeſt,

Jeſu, der Du deinen Geiſt in die Hände
deines Vaters empfohlen haſt,

Jeſu, der Du für uns am Kreuze geſtor=
ben biſt,

Jeſu, deſſen heiliges Herz am Kreuze durch=
ſtochen wurde,

---

*) Erbarme Dich unſer!

Jesu, der Du in den Schooß deiner Mutter
    gelegt wurdest, erbarme Dich unser!
Sei uns gnädig: verschone uns, o Herr!
Sei uns gnädig: erhöre uns, o Herr!
Von allem Uebel: erlöse uns, o Herr!
Von aller Sünde,*)
Von Zorn, Haß und bösem Willen,
Von den Nachstellungen des Teufels,
Von allen Nöthen des Leibes und der Seele,
Von der Bitterkeit des Todes,
Von aller Furcht deines strengen Gerichtes,
Durch dein heiliges Kreuz,
Durch dein kostbares Blut,
Durch deine heiligen fünf Wunden,
Durch deine sieben heiligen Worte,
Durch deine schrecklichen Schmerzen,
Durch deine dreistündige Todesangst,
Durch deinen Tod und Begräbniß,
Durch die Thränen deiner Mutter,
Wir arme Sünder! Wir bitten Dich, er=
    höre uns!
Daß Du uns durch dein heiliges Leiden
    verschonest,**)
Daß Du uns vor aller Sünde bewahrest,
Daß Du uns zur wahren Besserung ver=
    helfest,
Daß Du uns Ergebung im Leiden verleihest,

*) Erlöse uns, o Herr!
**) Wir bitten Dich, erhöre uns!

Daß Du uns Liebe zur Abtödtung mit=
theilest, wir bitten Dich, erhöre uns.

Daß Du uns zu Nachfolgern deines Kreu=
zes machest,\*)

Daß Du uns in jeder Versuchung beistehest,

Daß Du uns im Tode durch dein heiliges
Kreuz beschützest,

O Du Lamm Gottes, das Du hinweg=
nimmst die Sünden der Welt: verschone
uns, o Herr!

O Du Lamm Gottes, das Du hinweg=
nimmst die Sünden der Welt: erhöre
uns, o Herr!

O Du Lamm Gottes, das Du hinweg=
nimmst die Sünden der Welt: erbarme
Dich unser, o Herr!

Christe, höre uns! Christe, erhöre uns!

Herr, erbarme Dich unser!

Christe, erbarme Dich unser!

Herr, erbarme Dich unser!

Vater unser 2c.

### Gebet.

O Herr Jesu Christe, der Du für
uns arme Sünder die Todesangst am
Oelberge ausstandest, gegeißelt und
mit Dornen gekrönt wurdest, dein

---

\*) Wir bitten Dich, erhöre uns!

Kreuz selbst trugest und endlich an
demselben starbest: wir bitten Dich
durch dein bitteres Leiden und Ster=
ben, Du wollest Dich unser erbarmen,
uns Gnade geben zu einem Dir wohl=
gefälligen Leben und uns einst eine
selige Sterbstunde verleihen. Der Du
lebst und regierst in Ewigkeit. Amen.

## Verehrung der heiligen fünf Wunden.

Allmächtiger, ewiger Gott! der
Du uns in den heiligen fünf Wun=
den unsers Herrn Jesu Christi für
jede Noth und Bedrängniß eine be=
sondere Zufluchtsstätte bereitet hast:
schenke mir durch ihre Verdienste Ver=
zeihung der Sünden und die Gnade,
deine Gebote zu halten und Dich von
ganzem Herzen zu lieben, damit ich
in der Stunde meines Todes durch
die Kraft des heiligsten Blutes, das
aus denselben geflossen ist, vor aller
Nachstellung des Teufels gesichert werde,
vertrauensvoll vor dem göttlichen Ge=

richte erscheinen und die glänzenden
Wundmale meines göttlichen Erlösers
in der Freude des Himmels sehen
und anbeten kann. Amen.

**Gebete zu den sieben Blutsvergießungen
Jesu gegen die sieben Hauptsünden.**

1. O demüthigster Herr und Hei=
land, Jesus Christus, wahrer Gott
und Mensch! Dir sei ewig Lob und
Dank, daß Du in deinem zartesten
Alter, am achten Tage deines sterb=
lichen Lebens dein unschuldiges und
kostbares Blut für uns hast vergießen
und die schmerzliche Beschneidung hast
erdulden wollen. Durch diese Vergie=
ßung deines Blutes bitte ich Dich um
die Gnade der Demuth gegen alle
Hoffart und Eitelkeit der Welt.
Vater unser 2c. Gegrüßt seist 2c.
2. O liebreichster Heiland, Jesus
Christus, wahrer Gott und Mensch!
Dir sei ewig Lob und Dank, daß Du
im Garten Gethsemane in peinlichster

Herzensangst blutigen Schweiß vergossen und denselben mit der größten
Bereitwilligkeit, für uns zu sterben,
dem Vater aufgeopfert hast. Durch
diese Vergießung deines Blutes bitte
ich Dich um die Gnade der freigebi-
gen Mildthätigkeit, um jeden Geiz
und jegliche Habsucht zu überwinden.

Vater unser ꝛc. Gegrüßt seist ꝛc.

3. O keuschester Sohn der reinsten Jungfrau Maria, Jesus Christus, wahrer Gott und Mensch! Dir
sei ewig Lob und Dank, daß Du im
Vorhofe des Pilatus Dich grausam
hast binden und dein jungfräuliches
Fleisch schrecklich geißeln und zerreißen
lassen. Durch diese Vergießung deines
Blutes bitte ich Dich um die Gnade
der Keuschheit, damit ich alle bösen
Reize zur Wollust unterdrücke.

Vater unser ꝛc. Gegrüßt seist ꝛc.

4. O sanftmüthigstes Lamm, Jesus Christus, wahrer Gott und Mensch!
Dir sei ewig Lob und Dank, daß

Du dein heiliges Haupt mit ſpißigen
Dornen haſt krönen und daſſelbe mit
einem harten Rohre unmenſchlich ſchla=
gen laſſen. Durch dieſe Vergießung
deines Blutes bitte ich Dich um die
Gnade der Sanftmuth, um allen Zorn
und jegliches feindſelige Benehmen zu
beſiegen.

Vater unſer ꝛc. Gegrüßt ſeiſt ꝛc.

5. O enthaltſamſter Gottmenſch,
Jeſus Chriſtus! Dir ſei ewig Lob
und Dank dafür, daß Du vor und
nach deiner Kreuztragung deine Klei=
der Dir haſt abreißen und dadurch
alle deine Wunden ſchmerzhaft erneuern
und erweitern laſſen. Durch dieſe Ver=
gießung deines Blutes bitte ich Dich
um die Gnade der Nüchternheit, Mäſ=
ſigkeit und Abtödtung, auf daß ich
zugleich die übertriebene Genußſucht
und jede Völlerei im Eſſen und Trinken
fliehe.

Vater unſer ꝛc. Gegrüßt ſeiſt ꝛc.

6. O guter und mildreichſter Sa=

maritan, Jesus Christus, wahrer Gott
und Mensch! Dir sei ewig Lob und
Dank, daß Du aus der feurigsten
Liebe zu uns deine heiligen Hände
und Füße für unsere Erlösung hast
grausam durchbohren und an das Kreuz
annageln lassen. Durch diese Ver=
gießung deines Blutes bitte ich Dich
um die Gnade der aufrichtigen Liebe
zu allen meinen Mitmenschen, so daß
ich in dieser Liebe jeden Neid aus
meinem Herzen verbanne.

Vater unser 2c. Gegrüßt seist 2c.

7. O eifrigster Hohepriester, Je=
sus Christus, wahrer Gott und Mensch!
Dir sei ewig Lob und Dank, daß
Du deine heilige Seite durch die Lanze
hast verwunden, durchbohren und öff=
nen lassen. Durch diese Vergießung
deines Blutes bitte ich demüthig um
die Gnade des heiligen Eifers gegen
alle Trägheit und Lauheit in deinem
Dienste.

Vater unser 2c. Gegrüßt seist 2c.

## Der heilige Kreuzweg oder die Stationen-Andacht.*)

### Vorbereitungsgebet.

Göttlicher Heiland! im Geiste der Reue und mit einem bußfertigen Ge-müthe will ich jetzt diese heilige An-dacht verrichten, um dein bitteres Leiden und Sterben zu betrachten. Ich will Dir demüthig Dank sagen für jene Liebe, mit welcher Du dein schweres Kreuz für mich getragen und mich armen Sünder an demselben erlöset hast. Gib mir deine Gnade, damit ich diese großen Geheimnisse recht auf-merksam erwäge und daraus viel Nutzen für mein Seelenheil ziehe. Mache mich auch theilhaft aller heiligen Ablässe, die ich durch diese Andacht gewinnen kann und die ich Dir für mich Arm-

*) Mehrere Päpste haben alle jene Ablässe, die man beim wirklichen Besuche der heiligen Orte in Jerusalem gewinnen kann, auch denjenigen verliehen, die anderswo den heiligen Kreuzweg mit Andacht verrichten.

seligen zur Tilgung aller meiner Sün=
den, sowie auch zum Troste der armen
Seelen im Fegfeuer aufopfere.

Du, o schmerzhafteste Gottesmutter
Maria! bitte für mich, daß ich das
Leiden und den Tod deines göttlichen
Sohnes, meines gekreuzigten Erlösers,
zum Heile meiner Seele, mit großer
Inbrunst der Andacht und mit wahrer
Reue über meine Sünden betrachte.

### Erste Station.
#### Jesus wird zum Tode verurtheilt.

V. Wir beten Dich an, Herr Jesus
Christus! und sagen Dir Dank:

R. Weil Du durch dein heiliges
Kreuz die ganze Welt erlöset hast.

Mit bewunderungswürdiger Er=
gebung in den Willen deines himm=
lischen Vaters ließest Du Dich, o Jesu,
von dem heidnischen Richter Pilatus
zum schmerzvollen Kreuzestode verur=
theilen. Soll ich denn zürnen über
den schwachen, gottlosen Richter, der

dem wüthenden, verblendeten Volke
nachgab?

Ach, ich will vielmehr über mich
selbst zürnen, da ja meine Sünden
die Ursache deines Leidens und Todes
sind. Im Hinblicke aber auf Dich und
deine unendliche Liebe nehme ich mir
ernstlich vor, meine begangenen Sün=
den zu beweinen und ein Dir wohl=
gefälliges, frommes Leben zu führen.
Stärke mich dazu mit deiner allmäch=
tigen Gnade, und wenn Du mich einst
vor deinen Richterstuhl forderst, o dann
sei mir gnädig und nimm in deiner
Erbarmung zurück jenes Urtheil des
Todes, das ich durch meine Sünden
verdient habe.

Vater unser 2c. Gegrüßt seist 2c.

V. Gekreuzigter Herr Jesus Chri=
stus!

R. Erbarme Dich unser!

Zweite Station.
**Jesus nimmt das Kreuz auf sich.**

℣. Wir beten Dich an, Herr Jesus Christus! und sagen Dir Dank:

℟. Weil Du durch dein heiliges Kreuz die ganze Welt erlöset hast.

In größter Ruhe, Gelassenheit und Geduld ließest Du Dir, o Jesu, das schwere Kreuz auf deinen schon so furchtbar verwundeten Körper legen, ohne zu klagen, ohne zu murren — und dieses thatest Du nur zur Erlösung deiner Geschöpfe, die durch ihre Bosheit sich die ewige Verdammniß zugezogen hatten.

Ach, auch ich habe mit meinen Sünden dein Kreuz noch schwerer gemacht. O lasse dies ferner nicht mehr geschehen! Gib mir Gnade, daß ich alle Trübsale und Widerwärtigkeiten, zur Genugthuung und Abbüßung meiner Sünden willig und muthig ertrage. O diese zeitlichen Kreuze sind ja ſehr leicht, im Vergleich mit den ewigen, die den unbußfertigen Sünder unfehlbar treffen! Nein, ich will dabei nicht murren; ich will vielmehr mit Dank und Ergebung auf dieſem Leidenswege, der zum Himmel führt, ſtandhaft verharren.

Vater unſer ꝛc. Gegrüßt ſeiſt ꝛc.

℣. Gekreuzigter Herr Jeſus Chriſtus!

℟. Erbarme Dich unſer!

### Dritte Station.
**Jeſus fällt das erſte Mal unter dem Kreuze.**

℣. Wir beten Dich an, Herr Jeſus Chriſtus! und ſagen Dir Dank:

℟. Weil Du durch dein heiliges Kreuz die ganze Welt erlöſet haſt.

Unter der ſchweren Laſt des Kreuzes fällſt Du, o mein Heiland, zur Erde nieder; doch nicht ſowohl das Kreuz, vielmehr meine Sünden und Miſſethaten — ach, dieſe waren für Dich ſo drückend, ſo unerträglich!

Mein Jesu! Du hast meine Bürde auf Dich genommen, — und ich soll nicht auch dein Joch — das Joch deiner Gebote — auf mich nehmen? Und dieses Joch ist ja, wie Du selbst versicherst, süß; süß ist es, Dir dienen und in Liebe Dir nachfolgen. Verzeih mir doch mein bisheriges Fallen, meine oftmalige Treulosigkeit; ich will dies die ganze Zeit meines Lebens betrauern. Gib mir aber Kraft, auf dem Wege deiner Lehren und Beispiele gewissenhaft und eifrig fortzuwandeln, und Muth und Ausdauer, um alle bösen Anfälle und Reize zur Sünde zu überwinden.

Vater unser 2c. Gegrüßt seist 2c.

℣ Gekreuzigter Herr Jesus Christus!

℟. Erbarme Dich unser!

### Vierte Station.
#### Jeſus begegnet ſeiner betrübten Mutter

℣. Wir beten Dich an, Herr Jeſus Chriſtus! und ſagen Dir Dank:

℟. Weil Du durch dein heiliges Kreuz die ganze Welt erlöſet haſt.

Welch ein Schmerz muß das göttliche Herz Jeſu durchbohrt haben, als Er auf dem Leidenswege ſeine geliebteſte Mutter erblickte — und was muß das zarteſte Herz Mariä gefühlt haben, als Jeſus ihr begegnete! Und ich ſollte dieſes herzzerreißende Ereigniß kalt und gleichgültig anſehen?!

Ach nein, mein theuerſter Heiland! nein, meine gütigſte Mutter! ich will nicht mehr ſo gefühllos ſein, ich will es recht bedenken und zu Herzen nehmen, was Ihr für mich gelitten habet. Mit der aufrichtigſten Reue über meine Sünden will ich deine Thränen, o Maria, zu trocknen ſuchen und will mit Dir meinem leidenden Heiland Geſellſchaft leiſten. — Ihm zu Lieb' nämlich alle Widerwärtigkeiten dieses Lebens geduldig ertragen. Du aber, o schmerzhafteste Mutter, erwirke es durch deine Fürsprache, daß ich Uaer Sünde mehr und mehr absterbe und mein Leben so einrichte, wie es deinem göttlichen Sohne wohlgefällig sein kann. In jeder Versuchung, Angst und Noth, im Leiden und Sterben komm mir entgegen, o gnadenreiche Helferin, und führe mich einst in die Glorie dieses nun verherrlichten Erlösers.

Vater unser 2c. Gegrüßt seist 2c.

V. Gekreuzigter Herr Jesus Christus!

R. Erbarme Dich unser.

### Fünfte Station.
**Simon von Cyrene hilft Jesu das Kreuz tragen.**

V. Wir beten Dich an, Herr Jesus Christus! und sagen Dir Dank:

R. Weil Du durch dein heiliges Kreuz die ganze Welt erlöset hast.

Auf deinem schmerzvollen Wege fand sich Niemand, o mein Jesu, der Dir die Last des schweren Kreuzes freiwillig hätte tragen helfen; nur mit Gewalt mußten die gottlosen Henker den Simon von Cyrene dazu zwingen. Bin aber nicht auch ich ein so unwilliger, gezwungener Kreuzträger? Du sagst es doch deutlich, o Jesu! wer sein Kreuz nicht trägt und Dir nicht nachfolgt, der ist Deiner nicht werth.

Verleihe mir, o Allmächtiger, die Gnade, daß ich Dir das Kreuz willig tragen helfe. Jede Widerwärtigkeit ist nur ein kleiner Theil von deinem großen Kreuze; o laß mich doch dieses Wenige aus Liebe zu Dir freudig dulden. Besonders durch Ertödtung der Sinnlichkeit und Verläugnung des bösen Eigenwillens laß mich in deine Fußstapfen eintreten und Dir nachfolgen, damit ich zu Dir in das ewige Leben gelange.

Vater unser 2c. Gegrüßt seist 2c.

℣. Gekreuzigter Herr Jesus Chri=
stus!

℟. Erbarme Dich unser.

### Sechste Station.
**Veronika reicht Jesu das Schweißtuch dar.**

℣. Wir beten Dich an, Herr Jesus
Christus! und sagen Dir Dank:

℟. Weil Du durch dein heiliges
Kreuz die ganze Welt erlöset hast.

Dein göttliches Angesicht, o Jesu,
war von Blut, von Speichel und
Staub ganz entstellt. Die fromme
Veronika sah das mit Schmerzen; in
Andacht und Mitleiden reichte sie Dir
den Schleier ihres Hauptes als ein
Schweißtuch dar, Du aber hast diesem
Tuche das Bildniß deines allerheilig=
sten Angesichtes eingedrückt.

O gütigster Erlöser, drücke meiner
so unreinen Seele dein bitteres Leiden
recht tief ein, daß ich desselben nie
mehr vergesse und durch die Beherzi=
gung desselben von meinen Sünden

immer mehr gereinigt werde. Laß mich in Allem mit deiner Gnade so leben, daß ich dein göttliches Antlitz durch meine Tugenden erfreue und dereinst würdig werde, es in seiner unaussprechlichen Schönheit und Herrlichkeit zu schauen.

Vater unser 2c. Gegrüßt seist 2c.

V. Gekreuzigter Herr Jesus Christus!

R. Erbarme Dich unser.

### Siebente Station.

**Jesus fällt das zweite Mal unter dem Kreuze.**

V. Wir beten Dich an, Herr Jesus Christus! und sagen Dir Dank:

R. Weil Du durch dein heiliges Kreuz die ganze Welt erlöset hast.

Mein Erlöser! ganz entkräftet und ohnmächtig sinkest Du abermals zusammen, und so liegst Du das zweite Mal mit deinem heiligen Angesichte auf dem Boden. Ach, wie vieles mußt Du da gelitten haben! Und an

was erinnert mich dieser dein zweiter
Fall? O für meine vielen Rückfälle
in die alten Sünden büßtest Du so
schmerzlich!

Verzeihe mir, o Jesu, und neige
Dich voll des Erbarmens zu mir. Gib
mir Gnade, von meinen Sünden so
aufzustehen, daß ich nie wieder in die=
selben zurückfalle. Sei Du meine
Stütze! Befreie mich von der bisheri=
gen Unbeständigkeit, und halte mich
fest auf dem schmalen, aber rechten
Wege. Aus mir vermag ich nichts,
ich bin die Schwachheit selbst; doch
mit Dir vermag ich Alles.

Vater unser 2c. Gegrüßt seist 2c.

V. Gekreuzigter Herr Jesus Chri=
stus!

R. Erbarme Dich unser.

### Achte Station.
#### Jesus begegnet den weinenden Frauen von Jerusalem.

V. Wir beten Dich an, Herr Jesus
Christus! und sagen Dir Dank:

R. Weil Du durch dein heiliges Kreuz die ganze Welt erlöset hast.

„Weinet nicht über Mich, sondern über euch selbst und euere Kinder." Mit diesen Worten lehrtest Du, o Jesu, die weinenden Frauen, die Sünde sei das allergrößte Uebel; sie hatten wohl ein herzliches Mitleid mit Dir, Du aber machtest sie aufmerksam, daß nur um der Sünde willen diese Leiden über Dich gekommen seien, sie sollen also auch die Sünden beweinen und dafür Buße thun.

O Jesu, erweiche doch mein hartes Herz und mache, daß auch ich über mich selbst weine und wehklage über meine begangenen Sünden, sowie über meine große Nachläßigkeit und Trägheit im Guten. Deiner Gnade verdanke ich's, daß ich jetzt zur Erkenntniß meines elenden Zustandes gekommen bin; verleihe aber auch noch das, daß ich nun für meine Sünden

Buße thue bis an's Ende meines Lebens.

Vater unser 2c. Gegrüßt seist 2c.

V. Gekreuzigter Herr Jesus Christus!

R. Erbarme Dich unser.

### Neunte Station.
**Jesus fällt das dritte Mal unter dem Kreuze.**

V. Wir beten Dich an, Herr Jesus Christus! und sagen Dir Dank:

R. Weil Du durch dein heiliges Kreuz die ganze Welt erlöset hast.

So sehe ich Dich, o Jesu, zum dritten Male auf die Erde hinfallen. Doch obgleich die Leiden des Körpers deine Kräfte erschöpft hatten, so litt deine Seele dennoch unaussprechlich mehr. Ach, der peinliche Gedanke an die große Anzahl verstockter und un= bußfertiger Sünder — deine Voraus= sicht, daß dein kostbares Leiden an ihnen ohne Nutzen sein werde — das hat Dich am tiefsten betrübt, das hat beinen abermaligen Fall unter dem Kreuze so schmerzlich gemacht.

Herr und Heiland! lasse mich nicht zu diesen unglücklichen Sündern ge= hören. Ich habe es Dir bereits an= gelobt, und eben jetzt erneuere ich mein Gelöbniß, daß ich von der Sünde abstehen und Dir meinen Willen, den schon so lange widerstrebenden, zum Opfer bringen will. Und wenn mir das Gute auch schwer fällt und mich Mühe kostet: nein, das soll mich nicht abschrecken; ich will standhaft thun, was Du von mir verlangst, nur stärke mich mit deiner Gnade.

Vater unser ꝛc. Gegrüßt seist ꝛc.

℣. Gekreuzigter Herr Jesus Chri= stus!

℟. Erbarme Dich unser.

### Zehnte Station.
#### Jesus wird seiner Kleider beraubt.

℣. Wir beten Dich an, Herr Jesus Christus! und sagen Dir Dank:

℞. Weil Du durch dein heiliges Kreuz die ganze Welt erlöset hast.

Kaum bist Du, o liebster Heiland, auf der Schädelstätte angekommen, so wurden Dir ohne alle Schonung und auf die gewaltsamste Weise die Kleider vom Leibe gerissen. Entkleidet mußtest Du dastehen, deinen Feinden und allem Volke zum Gespötte. So wolltest Du für unsere Sünden der schamlosen Wohllust, der frechen Ueppigkeit in Kleidern und jeder weichlichen Sinnenlust büßen.

O laß mich die Abscheulichkeit all' dieser Sünden erkennen und gib, daß ich dieselben auch mit aller Sorgfalt und selbst im Geringsten vermeide. Ach, deine schmerzliche Entkleidung mahnet mich an den Verlust des Kleides der Unschuld! O hilf mir, daß ich als wahrer Büßer mit keuschem Leibe Dir diene, um dereinst zur Seligkeit Derjenigen zu gelangen, die ihre

Seelen mit den Bußthränen rein gewaschen haben.

Vater unser 2c. Gegrüßt seist 2c.

V. Gekreuzigter Herr Jesus Christus!

R. Erbarme Dich unser.

### Eilfte Station.

**Jesus wird an's Kreuz genagelt.**

V. Wir beten Dich an, Herr Jesus Christus! und sagen Dir Dank:

R. Weil Du durch dein heiliges Kreuz die ganze Welt erlöset hast.

Ach, was sehe ich, göttlicher Erlöser! Grausam legt man Dich auf das Kreuz hin; mit Gewalt streckt man deine heiligen Hände und Füße aus und durchbohret sie mit scharfen, spitzigen Nägeln. Welch ein Schmerz! Und Du schweigst und duldest alle diese schrecklichen Peinen als das sanftmüthigste Opferlamm für die Sünden der Welt.

O Jesu, so Vieles hast Du auch um meiner Sünden willen gelitten — und ich sollte mich weigern, aus Liebe zu Dir meinen bösen Neigungen zu entsagen?! Ich sollte, nach den Worten deines Apostels, den alten Menschen mit seiner verderblichen Begierlichkeit nicht auch an's Kreuz heften, die sinnlichen Gelüste nämlich unterdrücken?! O erfülle mich doch, ja durchbohre, wie mit Nägeln, mein Herz und meinen Leib mit einer heiligen Furcht vor Dir, dem allwissenden, dem allgegenwärtigen Gott, auf daß ich immer und überall meide, was sündhaft ist.

Vater unser 2c. Gegrüßt seist 2c.

V. Gekreuzigter Herr Jesus Christus!

R. Erbarme Dich unser.

### Zwölfte Station.
#### Jesus wird am Kreuze erhöht und stirbt.

V. Wir beten Dich an, Herr Jesus Christus! und sagen Dir Dank:

R. Weil Du durch dein heiliges Kreuz die ganze Welt erlöset hast.

Mein Gott, mein Heiland! da hängst Du arm und nackt am Kreuze — unter den fürchterlichsten Schmerzen! So mußt Du drei Stunden lang mit dem Tode ringen! Und selbst in diesen qualvollsten Peinen betest Du für deine Peiniger und für alle deine Feinde. Endlich neigest Du dein Haupt — übergibst deinen Geist dem himmlischen Vater — und so stirbst Du!

O Jesu, verzeihe auch mir und nimm mich auf, wie Du den reumüthigen Schächer aufgenommen hast. Vor deinem heiligen Kreuze verabscheue und beweine ich alle meine Sünden. Es ist mein fester Vorsatz, ich will nicht wieder sündigen. Du hast dein Leben für mich dahingegeben; es ist also billig, daß ich den Rest des meinigen für Dich nach deinem Wohlgefallen verwende. Empfehle mich auch dem Schutze deiner heiligsten Mutter,

damit ich vor der Sünde bewahrt
bleibe und einst mit Dir ausrufen
möge: Es ist vollbracht, in deine
Hände empfehle ich meinen Geist!

Vater unser 2c. Gegrüßt seist 2c.

V. Gekreuzigter Herr Jesus Chri=
stus!

R. Erbarme Dich unser.

### Dreizehnte Station.
#### Jesus wird vom Kreuze herabgenommen und in den Schooß Mariä gelegt.

V. Wir beten Dich an, Herr Jesus
Christus! und sagen Dir Dank:

R. Weil Du durch dein heiliges
Kreuz die ganze Welt erlöset hast.

O tiefbetrübte Mutter meines Er=
lösers! wer kann wohl jenen Schmerz
fassen, der wie ein zweischneidiges
Schwert dein Herz zerriß, als der
blutbedeckte, schrecklich verwundete, ent=
seelte Leichnam deines geliebtesten Soh=
nes in deinen jungfräulichen Schooß
gelegt ward? Wahrhaft, die Mutter
der Schmerzen bist du da gewesen!

Habe aber nicht auch ich mit meinen Sünden so viel zu deinen Schmerzen beigetragen? O gütigste Jungfrau! bitte, daß dein göttlicher Sohn mir gnädig sei. Und wenn ich das große Glück habe, Jesum selbst, nicht nur in die Arme, sondern sogar in mein Herz aufzunehmen: o dann erflehe mir die Reinigkeit deines Herzens, deinen festen Glauben, deine ruhige Anbetung und innige Liebe, auf daß Er mir recht viele Gnaden mittheile, mich zu allem Guten stärke und ich in Ewigkeit nicht mehr von Ihm getrennt werde. —

Vater unser 2c. Gegrüßt seist 2c.

V. Gekreuzigter Herr Jesus Christus!

R. Erbarme Dich unser!

### Vierzehnte Station.
### Jesus wird in's Grab gelegt.

V. Wir beten Dich an, Herr Jesus Christus! und sagen Dir Dank:

R. Weil Du durch dein heiliges Kreuz die ganze Welt erlöset hast.

Die Freunde Jesu nahmen seine heilige Leiche, salbten sie mit kostbaren Spezereien, wickelten sie in feine Lein= wand und begruben sie in ein ganz neues, steinernes Grab. Nun war's für den göttlichen Erlöser ausgelitten und ausgekämpft; ruhig konnte Er der glorreichen Auferstehung und der Ver= herrlichung im Himmel entgegen harren.

Auch auf mich wartet das Grab; von allem Irdischen kann ich am Ende nichts mitnehmen — nur das Gute, das ich jetzt thue, nur das bringt mir einst Trost und ewige Belohnung. Laß doch nicht zu, o Jesu, daß ich mein Herz an die Güter dieser Welt hänge. Gib, daß ich, wie Du, in der Liebe Gottes und der Mitmenschen eifrig mich erzeige und jedes Kreuz geduldig ertrage. In Allem laß mich die kurze Zeit meines Lebens so zubringen, daß mir der Tod und das Grab nicht

fürchterlich, sondern tröstlich sein kön=
nen und daß ich einstens daraus, wie
Du, verklärt wieder hervorgehen möge.

Vater unser 2c. Gegrüßt seist 2c.

℣. Gekreuzigter Herr Jesus Chri=
stus!

℟. Erbarme Dich unser.

### Schlußgebet.

Ich habe nun, o Jesu! dein Lei=
den und Sterben betrachtet. O laß
mir diese Betrachtung auch nützlich
werden! Verleihe gnädig, daß ich die
Vorsätze, die ich da gefaßt, auch in
Ausführung bringe; gib, daß mein
Glaube an Dich immer lebendiger,
meine Hoffnung auf Dich immer fester
werde, daß wahre Reue über meine
Sünden und ächter Bußgeist mich im=
merdar durchdringen.

So oft ich ein Bildniß von Dir
erblicke oder auch sonst an Dich denke,
o da möge ich auch deiner Liebe und
deines Leidens eingedenk sein und das

18

bewirke es, daß ich die Sünde meide
und auf dem Wege der Tugend stand=
haft verharre.

Auch dich, o jungfräuliche Groß=
mutter, flehe ich noch um deine mäch=
tige Fürsprache an. Bitte deinen göttli=
chen Sohn, meinen Herrn und Heiland,
daß Er diese nun vollendete Andacht
gütigst annehme — zu einem schwachen
Ersatze für meine Sünden, zum Heile
meiner Mitmenschen und besonders
auch zum Troste der armen Seelen im
Fegfeuer.

Es lebe Jesus, der Gekreuzigte!
Es lebe Maria, die unbefleckt empfan=
gene, jungfräuliche Gottesmutter!

## Am hochheiligen Osterfeste.

### Gebet zu dem auferstandenen Heiland.

Mein Herr und mein Gott, Jesus
Christus! ich glaube fest an deine
Auferstehung von den Todten. Ich
glaube an deinen Sieg über den Tod,

die Sünde und die Hölle. Lob und
Preis, Verherrlichung und Anbetung
ſei Dir, o göttlicher Erlöſer, in alle
Ewigkeit von allen Geſchöpfen im Him=
mel und auf Erden!

Ja, o Jeſu! Du biſt wahrhaft
der Sohn Gottes, unſer Lehrer, unſer
Heiland, die unfehlbare Wahrheit, Du
mein Herr, Du mein Gott! Dich ver=
ehre ich von ganzem Herzen; Dich bete
ich an als den höchſten Herrn und
König.

O laß mich, verherrlichter Sohn
Gottes, an deinem Siege alſo Theil
nehmen, daß ich der Sünde und dem
alten verderbten Menſchen in mir im=
mer mehr abſterbe und auferſtehe zu
einem neuen, Dir gefälligen Leben!
Du biſt am Kreuze für mich geſtorben
und nun lebſt Du ewig für mich zur
Rechten des Vaters. Gib, daß ich
auch für Dich und nach deinem Willen
lebe, um einſt auch in deiner Gnade
meine Tage zu beſchließen.

Deine glorreiche Auferstehung, o Jesu, ist mir die sicherste Bürgschaft, daß auch alle deine Diener zur herrlichen Auferstehung gelangen werden und daß ihnen eine ewige unverwelkliche Krone des Lebens aufbehalten sei. Gib mir doch deine allvermögende Gnade, daß ich durch einen frommen Lebenswandel dieser Auferstehung und dieser Krone mich würdig mache.

O nicht die irdischen Güter dieser Welt, sondern die himmlischen, die ewigen dort oben — laß mich, o Gott, suchen, und wenn ich auch große Gewalt anwenden muß, um in das Himmelreich einzudringen, — o die Herrlichkeit dort bei Dir, o Jesu, sie ist aller Anstrengung und des heißesten Kampfes werth. „Nur wer aussäet in Thränen, wird in Freude und Jubel einerndten." (Pf. 125.)

Und sollten auch die herbsten Leiden über mich kommen, — sollte ich auch ein schweres Kreuz tragen müssen:

Du, o göttlicher Erlöser, haft ja aus Liebe zu mir das schwerfte Kreuz getragen; Du hilfst mir das meinige tragen und machft es mir leicht — und nur wenn ich mit Dir werde gelitten haben, nur dann darf ich hoffen, daß ich auch mit Dir werde verherrlicht werden. Amen.

### Ostergruß an Maria.

Freu' dich, o Himmelskönigin,
Freu' dich, Maria!
Freu' dich, das Leid ist alles hin, Alleluja!
Bitt Gott für uns Maria!

\* \* \*

Den du zu tragen würdig warft,
Freu' dich, Maria!
Der hat uns allesammt erlöst, Alleluja!
Bitt Gott für uns, Maria!

\* \* \*

Er ift erstanden von dem Tod',
Freu' dich, Maria!
Wie Er's gesagt, der wahre Gott, Alleluja!
Bitt Gott für uns, Maria!

V. Freue dich und frohlocke, o Jungfrau Maria! Alleluja!

R. Denn der Herr ist wahrhaftig auferstanden. Alleluja!

### Lasset uns beten!

O Gott, der Du durch die Auf=erstehung deines Sohnes, unsers Herrn Jesu Christi, Dich gewürdigt hast, die Welt zu erfreuen: wir bitten Dich, verleihe, daß wir durch seine Gebä=rerin, die Jungfrau Maria, zu den Freuden des ewigen Lebens gelangen mögen. Durch denselben Christum, unsern Herrn. Amen.

# In der Bittwoche.

## Litanei von allen Heiligen.

Herr, erbarme Dich unser!
Christe, erbarme Dich unser!
Herr, erbarme Dich unser!
Christe, höre uns! Christe, erhöre uns!
Gott Vater vom Himmel, erbarme Dich unser!
Gott Sohn, Erlöser der Welt, erbarme Dich unser!

Gott heiliger Geist, erbarme Dich unser!
Heiligste Dreifaltigkeit, ein einiger Gott, er=
	barme Dich unser!
Heilige Maria, bitt für uns!
Heilige Gottesgebärerin,*)
Heilige Jungfrau aller Jungfrauen,
Heiliger Michael,
Heiliger Gabriel,
Heiliger Raphael,
Alle heiligen Engel und Erzengel,
Alle Chöre der seligen Geister,
Heiliger Johannes der Täufer,
Heiliger Joseph,
Alle heiligen Patriarchen und Propheten,
Heiliger Petrus,
Heiliger Paulus,
Heiliger Andreas,
Heiliger Jakobus,
Heiliger Johannes,
Heiliger Thomas,
Heiliger Jakobus,
Heiliger Philippus,
Heiliger Bartholomäus,
Heiliger Matthäus,
Heiliger Simon,
Heiliger Thaddäus,
Heiliger Matthias,

---

*) Bitt (bittet) für uns!

Heiliger Barnabas, bitt für uns!
Heiliger Lukas,*)
Heiliger Markus,
Alle heiligen Apostel und Evangelisten,
Alle heiligen Jünger des Herrn,
Alle heiligen unschuldigen Kinder,
Heiliger Stephanus,
Heiliger Laurentius,
Heiliger Vincentius,
Heilige Fabian und Sebastian,
Heilige Johannes und Paulus,
Heilige Cosmas und Damianus,
Heilige Gervasius und Protasius,
Alle heiligen Martyrer,
Heiliger Sylvester,
Heiliger Gregorius,
Heiliger Ambrosius,
Heiliger Augustinus,
Heiliger Hieronymus,
Heiliger Martinus,
Heiliger Nikolaus,
Alle heiligen Bischöfe und Bekenner,
Alle heiligen Lehrer,
Heiliger Antonius,
Heiliger Benediktus,
Heiliger Bernardus,
Heiliger Dominikus,

---

*) Bitt (bittet) für uns!

Heiliger Franziskus, bitt für uns!
Alle heiligen Priester und Leviten,*)
Alle heiligen Mönche und Einsiedler,
Heilige Maria Magdalena,
Heilige Agatha,
Heilige Lucia,
Heilige Agnes,
Heilige Cäcilia,
Heilige Katharina,
Heilige Anastasia,
Alle heiligen Jungfrauen und Wittwen,
Alle Heiligen Gottes,
Sei uns gnädig: verschone uns, o Herr!
Sei uns gnädig: erhöre uns, o Herr!
Von allem Uebel, erlöse uns, o Herr!
Von aller Sünde,**)
Von deinem Zorne,
Von plötzlichem und jähem Tode,
Von der Arglist des Satans,
Von Zorn, Haß und allem bösen Willen,
Vom Geiste der Unzucht,
Von Blitz und Ungewitter,
Vom ewigen Tode,
Durch das Geheimniß deiner heiligen Mensch=
    werdung,
Durch deine Ankunft,

---

*) Bitte (bittet) für uns!
**) Erlöse uns, o Herr!

Durch deine Geburt, erlöse uns, o Herr!
Durch deine Taufe und dein heiliges Fasten,*)
Durch dein Kreuz und Leiden,
Durch deinen Tod und dein Begräbniß,
Durch deine heilige Auferstehung,
Durch deine wunderbare Himmelfahrt,
Durch die Ankunft des heiligen Geistes, des
    Trösters,
Am Tage des Gerichtes,
Wir Sünder: wir bitten Dich, erhöre uns!
Daß Du uns verschonest,**)
Daß Du uns verzeihest,
Daß Du uns zur wahren Buße führen
    wollest,
Daß Du deine heilige Kirche leiten und
    regieren wollest,
Daß Du den apostolischen Oberhirten und
    alle Ordnungen der Kirche im heiligen
    Glauben bewahren wollest.
Daß Du die Feinde deiner heiligen Kirche
    demüthigen wollest,
Daß Du den Königen und christlichen Für-
    sten Friede und wahre Eintracht schen-
    ken wollest,
Daß Du dem gesammten christlichen Volke
    Friede und Einigkeit verleihen wollest,

---

\*) Erlöse uns, o Herr!
\*\*) Wir bitten Dich, erhöre uns!

Daß Du uns selbst in deinem heiligen
  Dienste stärken und erhalten wollest,
  wir bitten Dich, erhöre uns!
Daß Du unsere Herzen zu himmlischen
  Verlangen erheben wollest,*)
Daß Du unsern Wohlthätern die ewigen
  Güter verleihest,
Daß Du unsere und unserer Brüder, Ver-
  wandten und Wohlthäter Seelen von
  der ewigen Verdammniß errettest,
Daß Du die Früchte der Erde geben und
  erhalten wollest,
Daß Du allen christgläubig Verstorbenen
  die ewige Ruhe schenken wollest,
Daß Du uns erhören wollest,
Du Sohn Gottes,
O Du Lamm Gottes, das Du hinweg-
  nimmst die Sünden der Welt: verschone
  uns, o Herr!
O Du Lamm Gottes, das Du hinweg-
  nimmst die Sünden der Welt: erhöre
  uns, o Herr!
O Du Lamm Gottes, das Du hinweg-
  nimmst die Sünden der Welt: erbarme
  Dich unser, o Herr!
Christe, höre uns! Christe, erhöre uns!
Herr, erbarme Dich unser!

---

*) Wir bitten Dich, erhöre uns!

Christe, erbarme Dich unser!
Herr, erbarme Dich unser!

Vater unser 2c. Gegrüßt seist 2c.

## Gebete.

O Gott! dem es eigen ist, sich allzeit zu erbarmen und zu schonen; nimm auf unser Flehen, damit uns und alle deine Diener, die die Kette der Sünde fesselt, deine erbarmende Liebe milde erlöse.

Erhöre, o Herr! die Bitten der Demuth und schone der Sünden derer, so Dich bekennen, damit Du Nachlaß uns zumal und Frieden gütigst verleihest.

Dein namenloses Erbarmen, o Herr! zeige uns Milde, auf daß Du uns von aller Sünde erlösest, und den Peinen, die wir für dieselben verdienen, entreißest.

O Gott! der Du durch die Sünde beleidigt, durch Reue versöhnet wirst; schau gnädig an deines Volkes demü=

thig Flehen und wende die Geißeln
deines Zornes ab, die wir für unſere
Sünden verdienen.

Allmächtiger, ewiger Gott! er=
barme Dich deines Dieners, unſers
Oberhirten N. und leite ihn nach dei=
ner Huld auf dem Wege des ewigen
Heils, damit er durch Dich das Dir
Gefällige begehre und in voller Kraft
erwirke.

O Gott! von dem heiliges Be=
gehren, rechter Rathſchluß und voll=
kommenes Wirken ausgeht; gib deinen
Dienern den Frieden, den die Welt
nicht geben kann, damit unſere Her=
zen deinen Geboten ergeben, und un=
ſere Tage, der Furcht vor Feinden
entledigt, unter deinem Schutze be=
ruhigt ſeien.

Entzünde mit dem Feuer des hei=
ligen Geiſtes unſere Herzen, o Herr!
daß wir keuſchen Leibes Dir dienen
und mit reinem Herzen Dir gefallen.

O Gott! aller Gläubigen Schöpfer

und Erlöser, verleihe den Seelen dei=
ner Diener und Dienerinnen Nachlaß
aller Sünden, damit sie die Verge=
bung, die sie allzeit gewünscht haben,
durch die gottselige Fürbitte erlangen.

Komm unserm Thun, o Herr! zu=
vor mit deiner Gnade und geleite es
helfend, damit all unser Gebet und
unser Wirken von Dir ausgehe und
durch Dich angefangen ende.

Allmächtiger, ewiger Gott! der
Du Herr bist der Lebendigen wie der
Todten und Aller Dich erbarmest, die
Du im Glauben und Wirken als die
Deinen voraus erkennest: wir flehen
Dich demüthigst an, daß Alle, für
welche zu beten wir uns vorgenommen
haben und die noch diese Zeitlichkeit
im Fleische zurückhält, oder die, ihres
Leibes entkleidet, das Jenseitige schon
aufgenommen hat, durch die Fürsprache
aller deiner Heiligen, nach deiner vä=
terlichen Güte Verzeihung aller ihrer
Sünden erlangen mögen. Durch Je=

sum Christum, deinen Sohn, unserm
Herrn. Amen.

## Am Feste der Himmelfahrt Christi.

Göttlicher Heiland, Jesus Christus!
wie herrlich bist Du heute als Sie-
ger über Tod und Hölle gen Himmel
aufgefahren! wie glänzend war dein
Einzug in die ewigen Wohnungen!
Von Herzen wünsche ich Dir Glück
zu deinem Triumphe, zu deiner himmlischen Glorie.

Wie ist doch aber deine Himmelfahrt, o verherrlichter Gottmensch —
wie ist sie mein süßester Trost, meine
kräftigste Ermunterung zu jeder Tugend! Was Du ja zu deinen geliebten Jüngern gesprochen, das ist auch
uns gesagt: „Ich gehe hin, für euch
einen Ort zu bereiten, damit auch ihr
seid, wo ich bin." (Joh. 15, 2.)

Dorthin also rufst Du uns Alle!
Dort in deinem schönen Himmel willst

Du uns überschwenglich belohnen, was
wir hienieden Gutes thun, sowie jedes
Kreuz und Leiden, das wir aus Liebe
zu Dir geduldig ertragen.

Nein, o Jesu, ich will nicht er=
müden in dem Kampfe; die Sieges=
palme winkt auch mir, den Himmel
hast Du auch mir eröffnet. Gedenke
aber, wie ich so schwach bin und ohne
deinen Beistand nichts Gutes vermag.
Sende mir denn doch, ich bitte in=
brünstig, — sende mir vom Himmel
herab deine Gnade, deinen heiligen
Geist. Mache, daß ich die allzu ängst=
liche Sorge für die irdischen Güter
aufgebe, dagegen mit ganzer Seele
Das suche, was droben ist. Dorthin,
wo Du zur Rechten des Vaters thro=
nest und wo Du deine Getreuen er=
wartest, — dorthin erhebe die Augen
meines Geistes, damit ich in allem
Guten standhaft verharre. Amen.

### Kirchengebet.

Allmächtiger Gott! wir glauben fest, daß an dem heutigen Tage dein eingeborner Sohn, unser Herr und Heiland, in den Himmel aufgefahren ist. Verleihe uns doch die Gnade, daß auch wir mit unseren Herzen jetzt schon im Himmel wohnen mögen: durch denselben Christum, unsern Herrn. Amen.

## Am hochheiligen Pfingstfeste.

### Bitte um die sieben Gaben des heiligen Geistes.

Komm, o Geist der Weisheit! besitze mein Herz und Gemüth; lehre mich die himmlischen Güter so betrachten und schätzen, daß ich alles Vergängliche und Irdische gering achte, und nur das Ewige liebe und suche. — Vater unser 2c.

Komm, o Geist des Verstandes! erleuchte meine Seele, damit sie

Hinauf zu Gott! 19

dein göttliches Wort und die Geheim=
nisse des Glaubens zu ihrem Heile
richtig verstehe und dadurch zu deiner
und des Vaters und des Sohnes Er=
kenntniß gelange. — Vater unser 2c.

Komm, o Geist des Rathes!
regiere mein Herz bei allen Geschäf=
ten, halte es ab von allem Bösen
und neige es zu jeder Tugend; führe
und leite mich in vorkommenden Zwei=
feln, damit ich den rechten Weg nie
verfehle, der mich zu meinem letzten
Ziele und Ende, zur ewigen Seligkeit
führen soll. — Vater unser 2c.

Komm, o Geist der Stärke!
nimm deine Wohnung in meinem Her=
zen, richte es auf in jeder Betrübniß,
stärke es in allen Leiden und Wider=
wärtigkeiten, gib ihm Kraft wider alle
feindlichen Anfälle, damit ich nie von
den Widersachern meines Heils über=
wunden werde, sie allzeit besiege und
Dir wohlgefalle. — Vater unser 2c.

Komm, o Geist der Erkennt=

niß! lehre mich alle eitlen Dinge dieser Welt nach ihrem wahren Werthe und Nutzen erkennen und unterscheiden, damit ich dieselben allzeit zu deiner Ehre und zu meinem Heile zu gebrauchen wisse. — Vater unser 2c.

Komm, o Geist der Gottseligkeit! bewege mein Herz zu wahrer Andacht und heiliger Liebe Gottes, damit ich bei allen Uebungen der Frömmigkeit und Tugend nichts Anderes als Gott allein suche, Ihn durch die Liebe finde und einst zu seinem ewigen Besitze gelangen möge. — Vater unser 2c.

Komm, o Geist der Gottesfurcht! durchdringe mein Herz mit deiner heilsamen, kindlichen Furcht, damit ich Dich, meinen Gott und Herrn, allzeit vor Augen habe, und damit ich in dieser heiligen Furcht vermeide, auch das Geringste zu thun, was den Augen deiner göttlichen Majestät mißfallen könnte. — Vater unser.

**Antiphon.** Komm, heiliger Geist! erfülle die Herzen deiner Gläubigen und entzünde in ihnen das Feuer deiner Liebe.

V. Sende uns deinen Geist und sie werden neu erschaffen werden:

R. Und Du wirst das Angesicht der Erde erneuern.

### Gebet.

O Gott, der Du (am heutigen Tage) die Herzen deiner Gläubigen durch die Erleuchtung des heiligen Geistes unterwiesen hast: gib uns, daß wir durch denselben Geist, was recht ist, erkennen, und seines Trostes uns allzeit erfreuen mögen; durch unsern Herrn Jesum Christum. Amen.

## Am heiligen Dreifaltigkeitssonntage.

### Erneuerung der Taufgelübde.

O heiligste Dreifaltigkeit, Gott Vater, Sohn und heiliger Geist! ich falle in Demuth vor Dir nieder und

bitte Dich, Du wollest mich mit gnä=
digen Augen ansehen und meine Ge=
bete erhören, die ich in kindlicher
Dankbarkeit des Herzens Dir dar=
bringe. Ich danke Dir für die große
Gnade und das unschätzbare Geschenk,
daß Du mich durch die heilige Taufe
von der Erbsünde abgewaschen und
meine Seele mit dem Kleide der Un=
schuld und Heiligkeit geschmückt hast.
So bin ich durch dieses heilige Sa=
krament aus der Sklaverei des Sa=
tans befreit, zu deinem Kinde ange=
nommen, zu einem Tempel des hei=
ligen Geistes gemacht und in das
Reich Jesu Christi, meines göttlichen
Erlösers, aufgenommen worden. Ohne
die heilige Taufe wäre ich noch in
der Sünde, in der Gewalt des Teu=
fels und ein Kind des ewigen Ver=
derbens.

Ich danke Dir, daß Du mich von
der ewigen Verdammniß erlöst und
zu einem Erben des Himmels und

Miterben Jesu Christi gemacht hast.
Ewiger Dank sei Dir, daß Du mich
zum wahren Glauben berufen und
von katholischen Eltern in deiner hei=
ligen katholischen Kirche hast geboren
werden, unterrichten und erziehen lassen.

Ich bitte Dich nun demüthigst,
Du wollest mir beistehen, daß ich die
hohe Würde eines Christen niemals
durch eine Sünde verletze, noch deine
heiligmachende Gnade und das Kleid
der Unschuld beflecke oder gar verliere.
Ach, ich habe freilich schon so viel=
mal gegen Dich gesündigt und bin
Dir untreu geworden! Ich verab=
scheue aber alle meine Bosheiten und
flehe reumüthig um Schonung und
Erbarmen.

O ich hoffe auf deine Gnade, ich
hoffe von Dir vollkommene Lossspre=
chung, nicht um meiner allfälligen
guten Werke willen, sondern einzig
durch die Verdienste Jesu Christi, mei=
nes göttlichen Erlösers.

Auf solche Weise mit Dir, o Gott, ausgesöhnt, erneuere ich jetzt den heiligen Bund der Treue, welcher in meinem Namen bei der Taufe mit Dir geschlossen wurde. Ich widersage dem Teufel, der verderbten Welt und dem Fleische, und verwünsche ihre bösen Eingebungen, Eitelkeiten und Gelüste. Ich verlange dagegen, wähle und beschließe fest und theuer, daß ich Dir, o Gott! in Allem dienen, Dich lieben und nur deinen Willen erfüllen wolle.

Du aber, o allmächtiger Gott! befestige gütigst diesen meinen Entschluß. Wie Du mir die Erleuchtung und den Willen gegeben hast, diese Erneuerung meiner Taufgelübde in deiner heiligen Gegenwart aufrichtig auszusprechen, so verleihe mir auch die Kraft und die Gnade, um das in Wirklichkeit zu vollbringen, was ich mit meinen Worten betheuert habe. Amen.

# Am hochheiligen Frohnleichnamsfeste.

## Adoro te oder Gebet des heiligen Thomas von Aquin.

In Demuth bet' ich Dich, verhüllte Gott=
heit, an,
Die zwar mein Leibesaug' hier nicht ent=
decken kann;
Doch bist Du hier; mein Herz, das sich in
Dir verliert,
Ergibt sich gänzlich Dir, wie's dem Ge=
schöpf gebührt.

\*    \*    \*

Hier trügen sich Geschmack, sowie Gefühl,
Gesicht;
Doch sicher glaub' ich dem Gehör: dieß
trügt hier nicht.
Was Gottes Sohn gesagt, das glaube ich
als Christ;
Nichts, nichts ist wahrer, als dieß Wort
der Wahrheit ist.

\*    \*    \*

Nur deine Gottheit wär verhüllt am Kreuzes=
stamm,
Hier ist die Menschheit auch verhüllt, Du
Gotteslamm!

Doch glaube und bekenn' ich: Beide sind
sie hier,
Und was der Schächer bat, das bitt' auch
ich von Dir.

\*     \*

Die Wunden seh ich nicht, die Thomas
glaubend sah,
Doch glaub' ich fest mit ihm: Mein Herr,
mein Gott ist da!
Gib, daß mein Glaub' an Dich, die Hoffnung auf dein Wort,
Die Liebe gegen Dich sich mehren immerfort!

\*

O Denkmal jener Lieb', die Gott an's
Kreuz gebracht,
Lebend'ges Brod, das wahrhaft uns leben-
dig macht!
Mein Geist, durch Dich genährt, Dir leb'
er jederzeit,
Er koste immer mehr, Herr, deine Süßigkeit!

\*

O reinster Lebensquell, o Jesu, höchstes Gut!
Es kann ein Tropfen schon von deinem
heil'gen Blut
Von allem Sündenwust die ganze Welt
befrei'n:
O wasch' auch mich dadurch von meinen
Sünden rein!

\*     \*     \*

O Jesu, den mein Aug' nun noch ver=
           hüllet sieht,
Bald still' doch die Begier, die mir im
           Herzen glüht,
Daß ich Dich aufgedeckt erblick' im reinsten
           Licht,
Und würdig sei, zu seh'n dein göttlich An=
           gesicht.

Andere Gebete für dieses Fest, sowie die Li=
tanei vom heiligsten Sakramente siehe bei den
Nachmittagsandachten Seite 182 bis 198.

## Am Herz-Jesu-Feste.

### Bitte um ein neues Herz.

O Herz Jesu, im heiligsten Sakra=
mente verborgen! Ehre, Anbetung
und Liebe sei Dir in Ewigkeit! In
Dir sind alle himmlischen Schätze und
Gnaden verschlossen; o ergieße doch
nur auch einen kleinen Theil derselben
in mein elendes, sündiges Herz!

Dieses dein göttliches Herz hat
für mich geschlagen, da ich dasselbe
noch nicht gekannt, noch nicht geliebt
habe. Aber ach, wie wenig erkenne

ich Dich jetzt! und wie lau, wie kalt
ist noch immer meine Liebe zu Dir!

In dem Gefühle der Sündhaftig=
keit und Verdorbenheit meines Herzens
und bei diesem Anblicke von Schmerz
und Reue erfüllt, rufe ich zu Dir, o
Herz meines Gottes und Herrn! schaffe
in mir ein neues Herz.

Ein neues Herz, das die bisheri=
gen Sünden und Treulosigkeiten fort
und fort bereut und beweint.

Ein neues Herz, das sich ganz
und aufrichtig von den eitlen Freuden
und Gütern der Welt losreißt und
sich unbedingt Dir ergibt.

Ein neues Herz, das Allen, die
es gekränkt und beleidigt haben, auf=
richtig vergibt, und Alles, was den
Augen deiner göttlichen Majestät könnte
mißfällig sein, heldenmüthig überwindet.

Ein neues Herz, welches mit dei=
ner Gnade, o Gott! Früchte der Buße
bringt und mit Eifer nach Erwerbung
der christlichen Tugenden strebt.

Ein neues Herz, das die Eigen=
liebe, die der göttlichen Liebe so sehr
zuwider ist, immerdar bekämpft und
Dich, o Gott! über Alles liebt und
alle Menschen deinetwegen.

Ein neues Herz, welches freudig
bereit und fest entschlossen ist, Alles
aufzuopfern und lieber Alles zu leiden,
als durch irgend etwas Böses Dir zu
mißfallen und dein Herz dadurch zu
betrüben.

Ein neues Herz, das bereit ist,
nicht bloß in Freuden und Tröstungen,
sondern auch in Leiden und Kreuz Dir
zu dienen treu bis in den Tod.

Ein neues Herz, welches dem dei=
nigen, o Jesu! ganz ähnlich ist, im=
mer für Dich lebt und schlägt, das
Dir in Liebe ganz ergeben ist, in der
Liebe zu Dir stirbt und würdig wird,
zum Besitze deiner ewigen Liebe zu
gelangen. Amen.

## Litanei vom heiligsten Herzen Jesu.

Herr, erbarme Dich unser!

Christe, erbarme Dich unser!

Herr, erbarme Dich unser!

Christe, höre uns! Christe, erhöre uns!

Gott Vater vom Himmel, erbarme Dich unser!

Gott Sohn, Erlöser der Welt,*)

Gott heiliger Geist,

Heiligste Dreifaltigkeit, ein einiger Gott,

Du allerheiligstes Herz Jesu,

Herz Jesu, des eingebornen Sohnes Gottes,

Herz Jesu, Du lebendiger Tempel der Gottheit,

Herz Jesu, Du Thron der heil. Dreifaltigkeit,

Herz Jesu, Du Haus Gottes,.

Herz Jesu, Du nie versiegende Gnadenquelle,

Herz Jesu, Du Zuflucht der Frommen,

Herz Jesu, Du Altar der Versöhnung,

Herz Jesu, Du Brandopfer der Liebe,

Herz Jesu, Du Buch der seligen Auserwählung,

Herz Jesu, Du Unterpfand unseres Heiles,

Herz Jesu, Du Hoffnungsstern der Betrübten,

Herz Jesu, Du Trost der Kranken,

Herz Jesu, Du Beruhigung der Sterbenden,

*) Erbarme Dich unser!

Du im heiligsten Sakramente bis an das Ende der Welt bei uns verbleibendes Herz Jesu, erbarme Dich unser!

Du im Gebete bis zur Erde geneigtes Herz Jesu,*)

Du bis in den Tod betrübtes Herz Jesu,

Du mit Schmach und Spott ersättigtes Herz Jesu,

Du mit Bitterkeit erfülltes Herz Jesu,

Du von Schmerzen bedrängtes Herz Jesu,

Du vom himmlischen Vater verlassenes Herz Jesu,

Du aus Liebe zu uns brechendes Herz Jesu,

Du von der Lanze durchbohrtes Herz Jesu,

Sei uns gnädig: verschone uns, o Herr!

Sei uns gnädig: erhöre uns, o Herr!

Von allem Uebel: erlöse uns, o Herr!

Von einem hochmüthigen Herzen,**)

Von einem geizigen und neidischen Herzen,

Von einem sinnlichen und unreinen Herzen,

Von der Kleinmuth des Herzens,

Von allem Mißtrauen auf deine Liebe,

Von Haß und Unversöhnlichkeit,

Von der Unbarmherzigkeit gegen den Nächsten,

Von der Verstockung des Herzens,

Vom Widerwillen gegen Kreuz und Leiden,

---

*) Erbarme Dich unser!
**) Erlöse uns, o Herr!

Von der Trägheit im Guten, erlöse uns,
o Herr!

Von der Unkenntniß des eigenen Herzens,
erlöse uns, o Herr!

Wir arme Sünder: wir bitten Dich, erhöre
uns!

Daß die Flamme deines heiligsten Herzens
unsere Liebe entzünden wolle,*)

Daß die Geduld deines heiligsten Herzens
uns barmherzig ertrage,

Daß die Armuth deines heiligsten Herzens
uns die Güte des Himmels mittheile,

Daß die Leiden deines heiligsten Herzens
uns in den unsrigen stärken,

Daß der Gehorsam deines heiligsten Herzens uns zur Haltung deiner Gebote
anleite,

Daß die Weisheit deines heiligsten Herzens uns zum Guten erleuchte,

Daß die Liebe deines heiligsten Herzens
uns im Leben und im Sterben bewache,

Daß die Reinheit deines heiligsten Herzens
uns zu deinen Freunden mache,

Daß die Erbarmung deines heiligsten Herzens uns in unserm Tode errette,

O Du Lamm Gottes, das Du hinwegnimmst die Sünden der Welt: verschone
uns, o Herr!

---

*) Wir bitten Dich, erhöre uns!

O Du Lamm Gottes, das Du hinweg=
nimmst die Sünden der Welt: erhöre
uns, o Herr!

O Du Lamm Gottes, das Du hinweg=
nimmst die Sünden der Welt: erbarme
Dich unser, o Herr!

Christe, höre uns! Christe, erhöre uns!
Herr, erbarme Dich unser!
Christe, erbarme Dich unser!
Herr, erbarme Dich unser!

Vater unser ꝛc.

**Ant.** Sei gegrüßt, süßestes Herz
Jesu Christi, Du Schatzkammer der
göttlichen Barmherzigkeit! In Dich
verberge ich mich; in Dich verschließe
ich mich; Dir empfehle ich mich; Dir
übergebe ich mich; Dir überlasse ich
mich; Dir opfere ich mich und Dein
verbleibe ich im Leben und im Sterben.

### Gebet.

Göttlicher Erlöser, Jesus Christus,
der Du dein süßestes Herz im hoch=
würdigsten Sakramente uns zum Troste
zurückgelassen hast, um dadurch auch
unsere Herzen an Dich zu ziehen: er=

höre unsere Bitten und verleihe, daß
Alle, welche die Entehrungen und
Entheiligungen deines heiligsten Herzens beweinen und sich Mühe geben,
selbe Dir durch ihre Liebe und Treue
zu ersetzen, dafür die Gnade deines
Herzens in ihrem Leben und den Schutz
desselben im Tode erfahren mögen.
Der Du lebst und regierst von Ewigkeit zu Ewigkeit. Amen.

### Gebetkränzlein zum heiligsten Herzen Jesu.*)

V. O Gott, merke auf meine Hilfe;
R. Herr, eile mir zu helfen.

1. Mein liebreichster Jesus! wenn
ich die Güte deines Herzens betrachte
und sehe, wie dasselbe voll ist von
Mitleiden und Zärtlichkeit gegen die
Sünder, so frohlocket mein Herz und
wird mit Zuversicht erfüllt, von Dir

---

*) Jedesmal ein Ablaß von 300 Tagen. Pius
VII. 26. Sept. 1817.

20

gnädig aufgenommen zu werden. Ach, mein Gott, wie vielfältig sind meine begangenen Sünden! aber gleich dem büßenden Petrus und der reumüthigen Magdalena beweine und verabscheue ich sie, weil sie eine Beleidigung deiner unendlichen Güte, meines höchsten Gutes sind. O schenke mir vollkommene Verzeihung und laß mich lieber sterben, als Dich je wieder beleidigen, oder laß mich nur leben, damit ich Dich hinwieder liebe. Amen.

1 Vater unser und 5 Ehre sei Gott 2c.

Dein süßes Herz entzünde stets in mir,
O Jesu, meine Liebe mehr zu Dir!

2. Ich benedeie, o mein Jesus, dein demüthigstes Herz und danke Dir, daß Du mich, nachdem Du dasselbe mir zum Vorbilde gegeben, nicht nur so dringend zu seiner Nachahmung ermunterst, sondern um den Preis so vieler Demüthigungen, die Du erlitten, mir auch den Weg dazu ge-

wieſen und geebnet haſt. Wie undank=
bar und thöricht war ich! Wie ſehr
habe ich mich vergangen! O verzeih’
es mir! Kein Stolz, keine Ruhmſucht
mehr! ſondern mit demüthigem Her=
zen und unter Demüthigungen will ich
Dir folgen und den Frieden und das
Heil erlangen. O mache mich ſtark
dazu und ich werde ewig dein Herz
verherrlichen. Amen.

1 Vater unſer und 5 Ehre ſei
Gott ꝛc.

Dein ſüßes Herz entzünde ſtets in mir,
O Jeſu, meine Liebe mehr zu Dir!

3. Ich bewundere, o mein Jeſus,
dein überaus geduldiges Herz, und
danke Dir wegen ſo vieler bewunde=
rungswürdiger Beiſpiele deiner unüber=
windlichen Geduld, die Du uns hinter=
laſſen haſt. Es ſchmerzet mich nur,
daß ſie meiner Weichlichkeit vergebens
den Vorwurf machen, da ich auch das
kleinſte Leiden nicht ertragen kann.
Ach, liebſter Jeſus! flöße meinem Her=

zen eine feurige und standhafte Liebe
zur Trübsal, zum Kreuze, zur Ab=
tödtung und Buße ein, damit ich, Dir
zum Kalvarienberge nachfolgend, auch
in die Herrlichkeit und Freude des
Paradieses mit Dir eingehen könne.
Amen.

1 Vater unser und 5 Ehre sei
Gott ꝛc.

Dein süßes Herz entzünde stets in mir,
O Jesu, meine Liebe mehr zu Dir!

4. In Gegenwart deines sanft=
müthigsten Herzens, o mein Jesus,
muß ich über die Ungleichheit der Ge=
sinnungen meines Herzens gegen jene
des deinigen, wahrhaft erschrecken.
Nur zu sehr wird mein Herz bei dem
mindesten Anlasse, bei einer Geberde,
einem widersprechenden Worte beun=
ruhigt, gereizt und zum Murren ge=
bracht. Ach, verzeihe mir diese leiden=
schaftlichen Ausbrüche und verleihe mir
die Gnade, in Zukunft bei jedem Wi=
derspruche deine unveränderliche Sanft=

muth nachzuahmen und so eines ruhi=
gen, heiligen Friedens zu genießen.
Amen.

1 Vater unser und 5 Ehre sei
Gott 2c.

Dein süßes Herz entzünde stets in mir,
O Jesu, meine Liebe mehr zu Dir!

5. Lob und Preis soll überall er=
tönen, o Jesu, deinem großmüthigsten
Herzen — wie es Ihm ganz und gar
gebührt, — Ihm, welches den Tod
und die Hölle siegreich überwunden
hat! Mehr als je beschämt, betrachte
ich mein kleinmüthiges Herz, das schon
durch ein schiefes Wort, durch eine
kleine Beleidigung aus der Fassung
gebracht wird. Von nun aber soll es
nicht mehr so sein. Ich bitte Dich
um Muth und Kraft, damit ich käm=
pfend und siegend auf Erden, auch
im Himmel mit Dir freudenvoll trium=
phiren möge. Amen.

1 Vater unser und 5 Ehre sei
Gott 2c.

Dein süßes Herz entzünde stets in mir,
O Jesu, meine Liebe mehr zu Dir!

Wenden wir uns noch zu Maria, weihen wir uns ihrer Liebe, und vertrauend auf ihr mitleidiges Herz, sprechen wir:

Durch die hohen Vorzüge deines süßesten Herzens erbitte mir, o erhabene Mutter Gottes und auch meine Mutter, Maria! eine wahre und beharrliche Andacht zum heiligsten Herzen Jesu, deines Sohnes, damit ich mit allen meinen Gedanken und Willensregungen in dasselbe mich verschließend, alle meine Pflichten getreulich erfülle und jederzeit meinen göttlichen Erlöser mit Freudigkeit des Herzens eifrig diene. Amen.

℣. O Herz Jesu, brennend vor Liebe zu uns:

℟. Entflamme unsere Herzen zur Liebe zu Dir!

### Gebet.

Verleihe gnädigst, o Herr, daß der heilige Geist uns mit jenem Feuer entflamme, welches dein eingeborner Sohn, unser Herr und Heiland Jesus Christus aus dem Innersten seines heiligsten Herzens auf die Erde gebracht hat und mächtig wollte entbrennen sehen. Durch ebendenselben Christum, unsern Herrn. Amen.

## An den Sonntagen nach Pfingsten.

### Litanei von der göttlichen Vorsehung.

Herr, erbarme Dich unser!

Christe, erbarme Dich unser!

Herr, erbarme Dich unser!

Christe, höre uns!

Christe, erhöre uns!

Gott Vater vom Himmel: erbarme Dich unser!

Gott Sohn, Erlöser der Welt,*)

Gott heiliger Geist,

Heiligste Dreifaltigkeit, ein einiger Gott,

---

*) Erbarme Dich unser!

Gott, der Du allein unsere Zuflucht und
Stärke bist: auf Dich hoffen wir, o Herr!

Gott, der Du unsere Noth und Trübsal
siehst, bevor wir sie Dir klagen,\*)

Gott, der Du unsere Seufzer und Bitten
hörst, bevor wir Dich anrufen,

Gott, der Du in deiner Allmacht uns von
jeder Bedrängniß befreien kannst,

Gott, unter dessen Macht und Vorsehung
alle Dinge stehen,

Gott, der Du unser Vater bist,

Gott, der Du uns, deine Kinder, nicht
vergessen kannst, wenn auch eine Mutter
ihr Kind vergessen könnte,

Gott, der Du für jeden aus uns eine besondere Sorge trägst, sowie für die
ganze Welt,

Gott, der Du Alles weißt und kennst und
zugleich Alles in höchster Liebe und
Weisheit anordnest,

Gott, der Du sogar die Haare unseres
Hauptes gezählt hast und ohne dessen
Willen keines derselben zu Grunde geht,

Gott, der Du Alles, das Zukünftige wie
das Gegenwärtige, auf das Vollkom-
menste durchschauest,

Gott, der Du die Vögel des Himmels er-

---

\*) Auf Dich hoffen wir, o Herr!

nährest und die Blumen des Feldes
kleidest: auf Dich hoffen wir, o Herr!
Gott, der Du einzig weißt, was uns gut
und ersprießlich ist,*)
Gott, der Du Alles recht machest und recht
machen wirst, obgleich wir's in diesem
Leben nicht immer einsehen,
Gott, der Du Alles zum Besten der Men-
schen anordnest und leitest,
Gott, der Du auch die zeitlichen Trübsale
und Widerwärtigkeiten uns zum Nutzen
über uns verhängst,
Gott, der Du alle Jene, die sich kindlich
und ohne Vorbehalt deiner Vorsehung
überlassen, mitten in ihren Nöthen mit
wunderbarer Hilfe beschützest,
Sei uns gnädig: verschone uns, o Herr!
Sei uns gnädig: erhöre uns, o Herr!
Von allem Mißtrauen auf deine göttliche
Vorsehung: erlöse uns, o Herr!
Von allem Murren und Klagen gegen deine
heiligen Anordnungen: erlöse uns, o
Herr!
Von aller Ungeduld: erlöse uns, o Herr!
Von aller eiteln und unnützen Sorge und
Furcht: erlöse uns, o Herr!
Wir arme Sünder: wir bitten Dich, erhöre
uns!

---

*) Auf Dich hoffen wir, o Herr!

Daß Du in uns ein kindliches Vertrauen auf deine göttliche Vorsehnng erwecken wollest: wir bitten Dich, erhöre uns!

Daß wir bei jedem Glück und Unglück deine weiseste Vorsehung demüthig anbeten,*)

Daß wir Alles von deiner väterlichen Hand mit inniger Dankbarkeit annehmen,

Daß wir unseren eigenen Willen verläugnen, und ihn deinem heiligsten Willen unterwerfen,

Daß wir auch in Kreuz und Leiden nie aufhören, Dich zu lieben,

O Du Lamm Gottes, das Du hinwegnimmst die Sünden der Welt: verschone uns, o Herr!

O Du Lamm Gottes, das Du hinwegnimmst die Sünden der Welt: erhöre uns, o Herr!

O Du Lamm Gottes, das Du hinwegnimmst die Sünden der Welt: erbarme Dich unser, o Herr!

Christe, höre uns!
Christe, erhöre uns!

Vater unser 2c. Gegrüßt seist 2c.

---

*) Wir bitten Dich, erhöre uns!

## Gebet.

Allmächtiger, ewiger Gott! verleihe mir barmherzig, daß ich deine göttliche Vorsehung immerdar vor Augen habe, und entferne aus meinem Herzen alle unnützen Sorgen, auf daß ich auch in den widrigsten Geschicken fest auf deine unendliche Güte und Weisheit vertraue. Ordne und leite alle Ereignisse meines Lebens, wie Du es als Dir wohlgefällig, zu deiner größern Ehre und zu meinem Seelenheile erkennest.

O Gott, in dessen Händen alle Grenzen der Erde und alle Willen der Menschenkinder liegen: ich flehe zu deiner unermeßlichen Güte, komme mir in meinen Nöthen zu Hilfe und laß mich in deiner Barmherzigkeit aufathmen, damit ich, durch Dich errettet, deine weiseste Vorsehung preise und Dich als meinen gütigsten Gott und besten Vater alle Tage meines Lebens lobe.

O Gott, dessen Wege und Urtheile unerforschlich, aber immerhin gut und heilsam sind: vermehre, wenn es also in deinen Rathschlüssen liegt, meine Trübsal; aber vermehre auch meine Liebe, damit ich würdig werde, jedes Kreuz und Leiden nach dem Beispiele deines eingebornen Sohnes, unsers Herrn Jesu Christi, zu deiner größern Ehre zu tragen und deiner göttlichen Majestät dadurch wohlgefällig zu werden — durch denselben Christum, unsern Herrn. Amen.

# Andachten zur allerseligsten Jungfrau Maria.

❧

## Lobgesang: Ave maris stella.

Stern auf diesem Lebensmeere,
Mutter Gottes voll der Ehre,
Allzeit Jungfrau, sei gegrüßt!

Du bist uns des Himmels Pforte,
Du hast seit des Engels Worte
Evas Namen uns versüßt.

Durch dein Fürwort sei uns Frieden,
Nachlaß unsrer Schuld beschieden,
Nimm von uns die Blindheit hin.

Heb' das Uebel, das uns drücket,
Und erfleh', was uns beglücket,
Zeige wahren Muttersinn.

Durch Dich höre unser Flehen,
Der herabkam von den Höhen,
Um für uns dein Sohn zu sein.

O du Jungfrau sonder gleichen,
Der an Sanftmuth Alle weichen,
Mach' uns schuldlos, sanft und rein.

Stell' uns sicher vor den Feinden,
Daß wir einst mit Jesu Freunden
Uns erfreu'n im Himmelreich.

Gott, der Vater, sei gepriesen,
Ehre sei dem Sohn erwiesen,
Und dem heil'gen Geist zugleich! Amen.

## Weihegebet an Maria.

O heilige Jungfrau, Mutter meines
Herrn Jesu Christi und Mutter
aller elenden Sünder! ich flehe zu Dir
und nach dem Verlangen deines am
Kreuze sterbenden Sohnes — erwähle
ich dich jetzt zu meiner Mutter und
Fürsprecherin. Im Angesichte des Him=
mels bezeuge ich, daß ich keine andere
Mutter zu haben verlange als dich,

o Maria, o Mutter des barmherzig=
ſten Gottes!

Ich erkenne dich als meine Ge=
bieterin und Herrin; du, o erhabenſte
Königin des Himmels und der Erde!
du biſt auch meine Königin. Um dich
nach Gott am meiſten zu ehren, über=
gebe ich dir meinen Leib und meine
Seele, all das Meinige und mein gan=
zes Leben. Ich nehme mir ernſtlich
vor, nichts zu thun, was dir mißfällig
ſein könnte, ſondern in deinem Dienſte
alles dasjenige zu erfüllen, was dei=
nem reinſten Herzen gefällt und ſich
für dein Pflegkind geziemt.

Dich alſo will ich in meinem gan=
zen Leben lieben als meine Mutter;
dich ehren als meine Königin; dir
dienen als meiner Herrin; in allen
Anliegen und Nöthen zu dir fliehen
als zur Mutter aller Gnaden; dein
mütterliches Herz aber will ich durch
Nachahmung deiner Tugenden zu er=
freuen ſuchen.

In aller Demuth aber bitte ich
dich, o Maria! du wollest nun mich
zu deinem Kinde annehmen und dich
gegen mich Unwürdigen als eine Mut=
ter erzeigen. Bin ich betrübt, so tröste
mich; bin ich in Gefahr, so rette mich;
werde ich vom bösen Feinde versucht,
so beschütze mich; bin ich in Zweifeln
und Ungewißheit, so erleuchte, leite
und regiere mich; liege ich krank, so
hilf mir; umgeben mich die Schmer=
zen des Todes, so stehe mir bei.

So flehe ich für heute und für
alle Tage meines noch übrigen Lebens.
Sei mir, o heilige Gottesgebärerin!
durch deine allvermögende Fürbitte
meine Hoffnung, meine Zuflucht, meine
Rettung, mein Heil.

O Jungfrau Maria, erhöre mich.
In dein süßes Herz verschließe mich.
Im Leben und im Tod' beschütze mich,
Auf daß ich stets mehr liebe dich,
Hier zeitlich und dort ewiglich. Amen.

## Tägliche Hingabe an Maria.

O meine Gebieterin! o meine Mut=
ter! ich opfere mich dir gänzlich auf,
und um zu beweisen, daß ich mich
deinem Dienste ergeben habe, schenke
und weihe ich dir heute meine Augen,
meine Ohren, meinen Mund, mein
Herz, mich selbst ganz und gar. Weil
ich also ganz dein bin, o gute Mut=
ter, so bewahre und beschütze mich
als deine Sache und dein Eigenthum.

100 Tage Ablaß. Pius IX. 5. Aug.
1851.

## Seufzer in irgend einer Versuchung.

O meine Gebieterin! o meine Mutter!
erinnere dich, daß ich ganz dein
eigen bin. Bewahre und beschütze mich
als deine Sache und dein Eigenthum.

40 Tage Ablaß. Pius IX. 5. Aug. 1851.

# Das kräftige Memorare des heiligen Bernard.

Gedenke, o mildeste Jungfrau Maria! es sei noch nie erhört worden, daß Jemand verlassen worden sei, der zu dir seine Zuflucht genommen, der deine Hilfe angerufen, um deine Fürbitte geflehet hat. Von diesem Vertrauen beseelt, eile ich zu dir, o Jungfrau der Jungfrauen, o Mutter! zu dir komme ich, vor dir erscheine ich als Sünder seufzend. O Mutter des ewigen Wortes, verschmähe nicht meine Worte, sondern höre und erhöre sie huldreich. Amen.

300 Tage Ablaß. Pius IX. 25. Juli 1846.

# Drei Gebete mit drei Ave.

1. Ich verehre dich von ganzem Herzen, o heiligste Jungfrau! über alle Engel und Heiligen des Himmels, als die Tochter des ewigen Vaters

und schenke und weihe dir meine Seele mit allen ihren Kräften. Gegrüßt seist 2c.

2. Ich verehre dich von ganzem Herzen, o heiligste Jungfrau! über alle Engel und Heiligen des Himmels als die Mutter des eingebornen Sohnes und schenke und weihe dir meinen Leib mit allen seinen Sinnen. Gegrüßt seist 2c.

3. Ich verehe dich von ganzem Herzen, o heiligste Jungfrau! über alle Engel und Heiligen des Himmels als die geliebte Braut des heiligen Geistes und schenke und weihe dir mein Herz mit allen seinen Gefühlen, indem ich dich bitte, du wollest mir von der allerheiligsten Dreifaltigkeit alle nöthigen Mittel, um zur Seligkeit zu gelangen, erhalten. Gegrüßt seist 2c.

100 Tage Ablaß. Leo XII. den 21. Octob. 1823.

## Gebet zu Maria um Nachahmung ihrer Tugenden.

O allerreinste Jungfrau Maria! du Spiegel der Gerechtigkeit! ich er= innere mich des tugendhaften Lebens, welches du auf dieser Erde geführt hast. Du bist wahrhaft die Reinste, die Beste, und eben darum die Gott Wohlgefälligste gewesen. Wie eifrig und andächtig war dein Gebet, wie tief deine Demuth, wie erhaben dein Wandel, wie freundlich dein Betra= gen gegen Andere, wie mäßig deine Nahrung, wie streng deine Enthalt= samkeit, wie anständig und bescheiden deine Kleidung, wie gottselig all' dein Thun und Lassen!

Ach, wenn ich dieses dein Leben mit dem meinigen vergleiche, so muß ich mich gar sehr schämen und vor Gottes Gericht fürchten. Nicht nur bin ich dir nicht nachgefolgt, sondern ich lebte so sündhaft, daß ich bei Gott

viele und große Schulden mir zuge=
zogen habe.

Du Mutter der Barmherzigkeit!
durch alle jene Tugenden, die du je=
mals geübt, und durch alle die Buß=
werke, die du je verrichtet haſt, bitte
ich dich, du wolleſt mir doch eine auf=
richtige und vollſtändige Beſſerung
meines Lebens erlangen. Dein heili=
ges Fürwort bewirke es bei deinem
göttlichen Sohne, daß dein heiligſtes
Leben mich zur Buße aufmuntere und
daß ich von nun an frömmer und
tugendhafter zu leben anfange.

Ich bin ja dazu als dein Pfleg=
kind ſchon verpflichtet; aber ich möchte
auch dein guter Schüler (Schülerin)
werden und demnach jene ſchönen Leh=
ren befolgen, die dein ganzes Leben
mir an's Herz legt. Ja, nachfolgen
will ich dir in allen Tugenden, in
allem Guten, ſo viel mir mit Gottes
Gnade möglich iſt.

Rein ſei alſo künftig mein Herz

und unsträflich mein Wandel, einge=
zogen, sittsam und bescheiden mein
ganzes Betragen vor Andern und wenn
ich allein bin. Gottes Willen treu
befolgen, im Stillen Gutes wirken,
gegen alle Mitmenschen eine aufrich=
tige Liebe in Wort und That erzeigen,
die Pflichten meines Standes genau
erfüllen, oft im Gebete mein Herz zu
Gott erheben, stets keusch leben, alle
Hoffart und sündhafte Eitelkeit mei=
den: das sei jetzt unabläſſig mein Be=
streben.

Doch, o gütigste Mutter! du kennst
meine Schwachheit — und wenn ich
auch den besten Willen zu haben meine,
ach was kann ich ohne den Beistand
Gottes? Mit dem heiligen Bernard
rufe ich also zu dir: „O Mutter, rede
du zu deinem Sohne; denn Alles, was
Du von Ihm verlangst, gewährt Er
dir unfehlbar.“ Oeffne denn deinen
Mund, sprich nur ein Wort — und

ich erhalte überfließende Gnade für
Zeit und Ewigkeit. Amen.

## Litten einer bussfertigen Seele zu Maria.

Siehe, o allerseligste Jungfrau Ma=
ria, Mutter meines göttlichen Er=
lösers, meine einzige Hoffnung! siehe
zu deinen Füßen einen elenden Sün=
der, der dich um Gnade bittet. Die
ganze Kirche, alle Gläubigen nennen
dich die Zuflucht der Sünder;
so bist du denn auch meine Zuflucht.

Du weißt, o Maria, wie tief ich in
Sünden stecke; du weißt, wie schwach
und elend ich bin; du weißt auch, wie
innig und groß mein Vertrauen auf
dich ist. O wie Viele, die schon der
Hölle zunächst waren, sind durch deine
Fürbitte gerettet und von ihrem sünd=
haften Leben bekehrt worden! Darum
kann ich mir nicht denken, daß ich zu
Grunde gehe, so lange ich dich anrufe,

so lange ich deiner in frommer Liebe gedenke.

O so wende denn, mildeste Für=
sprecherin, deine barmherzigen Augen
zu mir und erlange mir von deinem
göttlichen Sohne Verzeihung aller mei=
ner Sünden und die Gnade einer
wahren Bekehrung. Ich fühle wohl
die schwere Last meiner Vergehen, —
ich bin ein sündiger Mensch; aber ich
will mich bessern und mein Leben än=
dern. Komm du mir zu Hilfe; reiche
dem Gefallenen, der dich um Gnade
bittet, deine mächtige Hand.

Gedenke doch an all' dasjenige,
was dein vielgeliebter Sohn von seiner
Geburt an bis zum Tode gelitten hat;
gedenke an das kostbare Blut, das Er
so häufig und so schmerzhaft vergossen
hat. Und das hat Er ja nur aus
Liebe zu uns Sündern gethan und
gelitten; Er hat es gethan und ge=
litten auch aus Liebe zu mir, damit
auch ich gerettet und selig werde. Bitte

also, o Maria, daß diese unermeßli=
chen Leiden Jesu an mir Armseligen
nicht verloren gehen, vielmehr mir zum
Heile gereichen.

Dein mitleidsvolles Herz empfindet
ja selbst den süßesten Trost, wenn du
einen Sünder bekehren und ihn zur
zeitlichen und ewigen Beseligung führen
kannst. O so mache denn dir heute
diesen Trost, diese Freude! Siehe,
ich gebe dir eine so willkommene Ge=
legenheit, einen Menschen zu retten,
der die Ungnade Gottes und die ewige
Verdammniß verdient hat. Ja, rette
mich, o Zuflucht der Sünder, und
nimm mich unter deinen Schutzmantel
und lasse nicht ab, für mich zu bitten,
bis du mich hier auf Erden christlich
und gottselig leben und dort im Him=
mel die ewige Seligkeit genießen siehst.

O Maria, ohne Sünde empfan=
gen! bitte für uns, die wir zu dir
unsere Zuflucht nehmen.

## Hilferuf in harter Bedrängniss.

O Maria, liebreichste Mutter Jesu! in schwerer Angst meines Herzens komme ich zu dir; das Kind geht ja gern zur lieben Mutter, sobald es et=was zu leiden hat; ihr klagt es ganz zutraulich Alles, was sein Herz drückt. So nehme ich denn jetzt meine Zu=flucht zu dir, o du Zuflucht aller Be=drängten; ich rufe und flehe zu dir, denn auf dich setze ich meine ganze Hoffnung.

Oder soll ich der erste Unglückliche sein, der von dir abgewiesen wird und den du ungetröstet und unerhört lässest? Nein, das kann ich ewig nicht glauben. Und wenn ich auch, meiner vielen Sünden wegen, nicht verdiene, von dir erhört zu werden, o so bist du ja doch die mitleidigste Mutter, die beim Anblicke meiner so großen Noth sicher gerührt wird.

Sage aber nicht, es sei dir un=

möglich, mir zu helfen; ich weiß es ja,
daß du so überaus mächtig bist und
daß du Alles erlangst, um was du
Gott bittest. Auch das sage nicht,
daß du mir nicht helfen dürfest; denn
du bist ja die Helferin Aller, ja du
bist auch insbesondere meine Mutter;
deiner Liebe und Sorge hat Jesus
Christus auch mich anempfohlen.

Mächtige, beste Mutter! sieh, wie
ich vor dir so zuversichtlich Hilfe und
Rettung erwarte; wie könnte ich aber
anders, da ich nicht nur deine Macht,
sondern auch dein liebevolles Herz
kenne? Laß es dir denn wohlgefällig
sein, daß ich ein so großes, so uner=
schütterliches Vertrauen auf dich setze.
Gestatte nicht, daß ich mich von dei=
nem Angesichte wegbegeben müsse, ohne
in meinem Nothruf erhört zu sein.
Ja rette mich, befreie mich von der
harten Bedrängniß (Krankheit, Noth
und Elend).

Doch wenn du auch mit der Hilfe

zögerst oder gar die drückende Last
dieses Kreuzes mir nicht wegnimmst:
o so erbitte mir doch die Gnade, daß
ich den bittern Leidenskelch aus Gottes
Hand willig annehme und gottergeben
jedes Leiden ertrage. Ich weiß ja
wohl, daß wir Alle (wie der heilige
Paulus Apstg. 14. versichert) nur
durch viele Trübsale in das Himmel=
reich eingehen können und daß der
Weg des Kreuzes der Weg zum Him=
mel ist; doch wie sehr sträubt sich
unsere sinnliche Natur gegen das Lei=
den! Bitte daher, o du Mutter der
Gnaden! bitte, daß ich auch in den
schwersten Prüfungen den Muth und
das Gottvertrauen niemals verliere,
sondern ausharre in der Geduld und
stille leide, was und wie und so
lange Gott will. Wenn ich mit Got=
tes Beistand und unter deinem mütter=
lichen Schutz also leide, dann wird
meine Trübsal mir zu den himmli=
schen Freuden verhelfen. Möge es doch

ſo geſchehen auf deine Fürſprache, o
gütigſte Jungfrau und Mutter Maria!
Amen.

## Aus dem uralten Einſiedler-Gebete,
zu ſprechen vor einem Bilde Unſerer lieben Frau
von Einſiedeln.

O ſtets unbefleckte Jungfrau Maria!
heiligſte Mutter meines Herrn Jeſu
Chriſti! Hingeworfen auf meine Kniee
rufe ich demüthig zu dir um Gnade
vor dieſem Bilde, welches dein wunderbares Bildniß in der heiligen Gna-
denkapelle zu Einſiedeln vorſtellt. Sieh,
ich verehre und liebe dich inniglich,
meine liebevollſte Mutter, die du zu
Einſiedeln ſo billig als Tröſterin
der Betrübten, als Zuflucht der
Sünder und als das Heil der
Kranken angerufen und verehrt wirſt.

Ich komme freilich vor dein An-
geſicht — arm an guten Werken, arm
an Verdienſten; aber ich opfere dir
auf, o Maria, alle Gebete und guten

Werke, welche der heilige Meinrad,
dein geliebtester Diener und erster
Ansiedler jener Gnadenstätte, alldort
während so vielen Jahren Tag und
Nacht verrichtet und dir aufgeopfert
hat. So opfere ich dir auch auf alle
Gebete und guten Werke, welche dort
von so vielen heiligen Bewohnern und
frommen Pilgern in tausend Jahren
so oft und so eifrig verrichtet worden
und fortan noch immer verrichtet werden. Insbesondere vereinige ich mich
mit allen heiligen Messen, welche dort
von so vielen Priestern zur Ehre des
dreieinigen Gottes, zur Verherrlichung
deines Namens und zum Heile der
Menschen gelesen werden.

Schenke nun auch mir, o Zuflucht
der Sünder, die Gnade, meine Sünden aufrichtig zu bereuen, einen wahrhaft christlichen Wandel zu führen und
im Guten bis an's Ende meines Lebens zu verharren. Entflamme mein
kaltes Herz durch das Feuer der gött-

lichen Liebe; kräftige meine laue Seele
zu allem Guten und mache sie dem
Willen meines liebreichsten Erlösers
Jesu ganz gleichförmig. Lege deine
mächtige Fürsprache, o glorreiche Him=
melskönigin, bei deinem göttlichen
Sohne ein, daß ich nicht durch einen
jähen und unvorbereiteten Tod aus
dieser Welt abberufen werde; beschütze
mich an Leib und Seele wider alle
Gefahren und jede Anfechtung der
Hölle. Stehe mir bei in allen meinen
Nöthen, Leiden und Drangsalen; ins=
besondere aber unterstütze und schütze
mich in meinem letzten Todeskampfe
und begleite dann meine arme Seele
bis zum Throne ihres göttlichen Rich=
ters und erwirb ihr durch deine mäch=
tige Fürbitte die Gnade, dich als die
Ursache ihres Heiles ewig loben und
preisen zu können.

Verschaffe auch, o Königin des
Friedens und Mutter der Barmher=
zigkeit! den christlichen Fürsten eine

wahre Eintracht; erzeige dich gütig
zum Heile der Kranken, zum Troste
der Betrübten, zur wahren Bekehrung
der Sünder und zur Beruhigung der
Sterbenden. Wende auch deine barm=
herzigen Augen auf die armen Seelen
im Fegfeuer, insbesondere auf jene, für
die ich zu beten schuldig bin und für
welche du willst, daß ich beten soll.

Erhöre, o Gnadenvolle, diese meine
Bitten; erhöre mich durch die heiligste
und zärtlichste Liebe, womit du Je=
sum, deinen göttlichen Sohn, hienieden
geliebt hast und ewig im Himmel
liebest. Amen.

## Gebet um eine glückselige Sterbstunde.

Maria, Mutter der Sterbenden!
deine Seele war in die größte
Betrübniß und Wehmuth versenkt, als
du nächst dem Kreuze standest und
sahest, wie dein vielgeliebter Sohn mit
lauter Stimme rief und sagte: „Va=

ter! in deine Hände empfehle Ich meinen Geist."

Durch diese deine Schmerzen, ja durch den bittersten Tod Jesu Christi selbst bitte und flehe ich zu dir, du wollest einst mir im Tode beistehen und mir die Gnade einer glückseligen Sterbstunde erhalten.

Ach, wenn ich alle meine Jahre überdenke, so finde ich, daß ich leider oft und schwer gesündiget habe — und wenn ich auch meine Sünden schon oft beweint habe und fort und fort beweine: ach, wer weiß, ob er der Liebe oder des Hasses würdig ist? hab' ich nicht immerhin zu fürchten, wenn ich die unendliche Gerechtigkeit und Heiligkeit Gottes erwäge?

Doch du, o Maria! bist meine Zuflucht, du bist meine Hoffnung auch in jener letzten Stunde. Jetzt schon und alsdann will ich meine Augen auf dich hinrichten, will dich um deinen Schutz eifrigst anrufen.

23

Erhalte mir die Gnade, daß ich bei meinem Ende eine vollkommene Reue über alle meine Sünden erwecken und durch das heilige Bußsakrament mit Gott mich gänzlich aussöhnen könne. Ebenso bewirke es durch deine mächtige Fürbitte, daß ich dann noch einmal das heiligste Altarssakrament, als die heilige Wegzehrung, und auch das Sakrament der letzten Oelung würdig empfangen könne, auf daß ich so für diesen letzten Kampf gestärkt werde und mit freudiger Zuversicht vor dem Richterstuhle des gerechten, aber auch barmherzigen Gottes erscheinen dürfe.

Und wenn dann die Schmerzen der Krankheit und die Schrecken des herannahenden Todes mich heftiger überfallen werden, wenn ich von den Herumstehenden keine Hilfe, keinen Trost mehr werde erhalten können: o alsdann sei du meine Hilfe, sei du mein Trost!

Wenn endlich meine Seele von dem Leibe abscheiden wird, o so komme mir dann entgegen — komm mir mit dem heiligen Schutzengel und mit meinen lieben Schutzheiligen entgegen — nimm meine arme Seele auf und führe sie vor das Angesicht Gottes.

Ja dann, o Pforte des Himmels und barmherzige Fürsprecherin! dann zeige mir Jesum, die gebenedeite Frucht deines Leibes, dort in jenem ewigen Reiche, wo weder Tod noch Trauer und Schmerzen, wo nur Freude und Seligkeit sein werden. Amen.

## Die lauretanische Litanei.

Herr, erbarme Dich unser!
Christe, erbarme Dich unser!
Herr, erbarme Dich unser!
Christe, höre uns! Christe, erhöre uns!
Gott Vater vom Himmel, erbarme Dich unser
Gott Sohn, Erlöser der Welt, erbarme Dich unser!

Gott heiliger Geist, erbarme Dich unser!
Heiligste Dreifaltigkeit, ein einiger Gott,
    erbarme Dich unser,
Heilige Maria, bitt für uns!
Heilige Gottesgebärerin,*)
Heilige Jungfrau aller Jungfrauen,
Mutter Christi,
Mutter der göttlichen Gnade,
Du allerreinste Mutter,
Du allerkeuscheste Mutter,
Du ungeschwächte Mutter,
Du unbefleckte Mutter,
Du liebliche Mutter,
Du wunderbare Mutter,
Du Mutter des Schöpfers,
Du Mutter des Erlösers,
Du allerweiseste Jungfrau,
Du ehrwürdige Jungfrau,
Du lobwürdige Jungfrau,
Du mächtige Jungfrau,
Du gütige Jungfrau,
Du getreue Jungfrau,
Du Spiegel der Gerechtigkeit,
Du Sitz der Weisheit,
Du Ursache unseres Heils,
Du geistliches Gefäß,
Du ehrwürdiges Gefäß,

---

*) Bitt für uns!

Du vortreffliches Gefäß der Andacht, bitt
für uns!

Du geistliche Rose,*)

Du Thurm Davids,

Du elfenbeinener Thurm,

Du goldenes Haus,

Du Arche des Bundes,

Du Himmelspforte,

Du Morgenstern,

Du Heil der Kranken,

Du Zuflucht der Sünder,

Du Trösterin der Betrübten,

Du Helferin der Christen,

Du Königin der Engel,

Du Königin der Patriarchen,

Du Königin der Propheten,

Du Königin der Apostel,

Du Königin der Martyrer,

Du Königin der Beichtiger,

Du Königin der Jungfrauen,

Du Königin aller Heiligen,

Du Königin, ohne Makel der Erbsünde
empfangen,

Du Königin des heiligen Rosenkranzes,

O Du Lamm Gottes, das Du hinwegnimmst die Sünden der Welt: verschone
uns, o Herr!

---

*) Bitt für uns!

O Du Lamm Gottes, das Du hinweg=
nimmst die Sünden der Welt: erhöre
uns, o Herr!
O Du Lamm Gottes, das Du hinweg=
nimmst die Sünden der Welt: erbarme
Dich unser, o Herr!
Christe, höre uns! Christe, erhöre uns!
Vater unser 2c. Gegrüßt seist 2c.

Unter deinen Schutz und Schirm
fliehen wir, o heilige Gottesgebärerin!
verschmähe nicht unser Gebet in un=
sern Nöthen, sondern erlöse uns alle=
zeit von allen Gefahren, o du glor=
würdige und gebenedeite Jungfrau!
unsere Frau, unsere Mittlerin, unsere
Fürsprecherin! versöhne uns mit dei=
nem Sohne, empfiehl uns deinem
Sohne, stelle uns deinem Sohne vor!

V. Bitt für uns, o heilige Gottes=
gebärerin!

R. Auf daß wir würdig werden
der Verheißungen Christi!

### Gebet.

Wir bitten Dich, o Herr! Du wollest deine Gnade in unsere Herzen eingießen, damit wir, die wir durch die Botschaft des Engels die Mensch=werdung Christi, deines Sohnes, er=kannt haben, durch sein Leiden und Kreuz zur Herrlichkeit der Auferstehung gelangen mögen, durch denselben Chri=stum, unsern Herrn. Amen.

℣. Bitt für uns, o heiliger Joseph!

℟. Auf daß wir würdig werden der Verheißungen Christi.

### Gebet.

Wir bitten Dich, o Herr! daß uns durch die Verdienste des Bräutigams deiner heiligsten Gebärerin geholfen werde, damit, was unser Vermögen nicht erhalten kann, uns durch seine Fürbitte geschenkt werde, der Du lebest und regierest Gott von Ewigkeit zu Ewigkeit. Amen.

Mit 300 Tagen Ablaß. Pius VII. den 30. Sept. 1817.

## Gebet zum heiligen Herzen Mariä.

Herz Mariä, der Mutter Gottes und unserer Mutter! O liebenswürdigstes Herz, Gegenstand des Wohlgefallens der anbetungswürdigsten Dreieinigkeit! o Herz, das die Verehrung der Engel und Menschen verdient! o Herz, welches am meisten dem Herzen Jesu gleicht, dessen vollkommenstes Ebenbild du bist! Herz, voll der Liebe, Güte und des innigsten Mitleidens gegen unser Elend!

Würdige dich, die kalte Eisrinde unserer Herzen zu zerschmelzen und bewirke, daß sie sich ganz nach dem Herzen des göttlichen Erlösers bilden; theile ihnen die Liebe zu deinen Tugenden mit und entzünde sie mit jenem heiligen Feuer, von welchem du immer entbrannt warst.

Wache über die ganze heilige Kirche, beschütze sie, sei ihre Zuflucht und unüberwindliche Festung gegen alle Anfälle ihrer Feinde.

Sei du der Weg, auf welchem wir zu Jesus kommen, und der Kanal, durch welchen uns jene Gnaden zufließen, die uns zum Heile nöthig sind.

Sei unsere Hilfe in der Noth, unser Schutz in allen Anfechtungen, unsere Zuflucht in Verfolgungen, unser Beistand in Gefahren, besonders in dem letzten Kampfe zur Zeit unseres Hinscheidens, wenn die ganze Hölle sich gegen uns waffnen wird, um in diesem schrecklichen, entscheidenden Augenblicke, wovon unsere ganze Ewigkeit abhängt, unsere Seele zu rauben.

Jetzt schon und alsdann laß uns erfahren, wie zärtlich dein mütterliches Herz ist; laß uns fühlen die Größe deiner Macht bei Jesus, und öffne uns, o gütigste Jungfrau! in seinem göttlichen Herzen, in dieser Quelle der Barmherzigkeit, eine sichere Zufluchtsstätte, auf daß wir einst Ihn mit dir in der Wohnung der Auserwählten

alle Ewigkeit hindurch schauen und
preisen mögen. Amen.

### Lobspruch.

Erkannt, geliebt, gelobt und ge=
priesen, geehrt und verherrlicht sei all=
zeit und überall das göttliche Herz
Jesu und ebenso das unbefleckte Herz
Mariä! Amen.

Wer dieses Gebet sammt dem Lobspru=
che einmal des Tages betet, gewinnt 60
Tage Ablaß; wer es aber ein Jahr lang
alle Tage betet, gewinnt an Mariä Geburt
und Himmelfahrt und am Herz=Mariä=
Feste, so auch in der Todesstunde vollkom=
menen Ablaß. (Pius VII. 26. Sept. 1817.)

## Litanei zur schmerzhaften Mutter Gottes.

Herr, erbarme Dich unser!
Christe, erbarme Dich unser!
Herr, erbarme Dich unser!
Christe, höre uns! Christe, erhöre uns!
Gott Vater vom Himmel, erbarme Dich unser!
Gott Sohn, Erlöser der Welt, erbarme
    Dich unser!

Gott heiliger Geist, erbarme Dich unser!

Heiligste Dreifaltigkeit, ein einiger Gott, erbarme Dich unser!

Heilige Maria, du betrübteste Mutter Jesu, bitt für uns!

Heilige Maria, die du zu Bethlehem keine Herberge gefunden hast,*)

Heilige Maria, die du deinen eingebornen Sohn im Stalle geboren hast,

Heilige Maria, die du bei der Beschneidung deines göttlichen Kindes ein herzliches Mitleiden getragen hast,

Heilige Maria, die du bei der Weissagung Simeons vom Schwerte der Schmerzen durchdrungen worden bist,

Heilige Maria, die du mit dem göttlichen Kinde nach Egypten hast fliehen müssen,

Heilige Maria, die du deinen zwölfjährigen Sohn im Tempel verloren und mit Schmerzen gesucht hast,

Heilige Maria, die du mit Betrübniß sehen mußtest, wie dein Sohn Jesus von den Juden gehaßt und verfolgt wurde,

Heilige Maria, die du mit dem innigsten Her=zensleid von deinem Sohne Abschied ge=nommen hast,

Heilige Maria, die du mit Schmerzen vernom=

---

*) Bitt für uns!

men, dein göttlicher Sohn sei verrathen
und gefangen worden, bitt für uns!

Heilige Maria, die du gesehen hast, wie
dein göttlicher Sohn auf's Grausamste
und Schimpflichste mißhandelt und von
einem Richterstuhle zum andern ist ge=
schleppt worden,*)

Heilige Maria, die du bei der grausamen
Geißelung und schmerzhaften Krönung
deines Sohnes im Innersten deiner
Seele bist verwundet worden,

Heilige Maria, die du gehört hast, wie dein
Sohn Jesus ungerechter Weise zum
Tode ist verurtheilt worden,

Heilige Maria, die du deinem geliebten
Sohne auf dem blutigem Kreuzwege
begegnet bist und Ihn in der äußersten
Entkräftung gesehen hast,

Heilige Maria, die du gesehen hast, wie
dein Sohn auf's Grausamste seiner
Kleider ist beraubt und an das Kreuz
geschlagen worden,

Heilige Maria, die du deinen lieben Sohn
Jesus am Kreuze hängen sahest und
alle seine heiligen Worte hörtest,

Heilige Maria, die du mit deinem Sohne
am Kreuze für die Sünder gebeten und
sie als deine Kinder angenommen hast,

_____

*) Bitt für uns!

Heilige Maria, die du deinen Sohn am Kreuze die schrecklichste Todesangst leiden und sterben gesehen hast, bitt für uns!

Heilige Maria, die du gesehen, wie man deinem göttlichen Sohne noch nach dem Tode seine heilige Seite geöffnet und verwundet hat,*)

Heilige Maria, die du den Leichnam deines Sohnes vom Kreuze in deinen mütter= lichen Schooß aufgenommen hast,

Heilige Maria, die du weinend deinem ge= liebten Sohne bis zum Grabe gefolgt bist,

Maria, du schmerzhafte Mutter,

Maria, du Königin der Martyrer,

Maria, du Spiegel der Geduld in Kreuz und Leiden,

Maria, du Beispiel und Trösterin aller Be= trübten,

Maria, du Stärke der Kleinmüthigen,

Maria, du Zuflucht der büßenden Sünder,

Maria, du Hilfe der Sterbenden,

Maria, du Trost der armen Seelen im Fegfeuer,

Maria, du liebreiche Beschützerin aller dei= ner Pflegkinder,

O Du Lamm Gottes, das Du hinweg= nimmst die Sünden der Welt: verschone uns, o Herr!

_____

*) Bitt für uns!

O Du Lamm Gottes 2c.: erhöre uns, o
    Herr!

O Du Lamm Gottes 2c.: erbarme Dich
    unſer, o Herr!

Chriſte, höre uns!   Chriſte, erhöre uns!

    Vater unſer 2c.

    ℣. In aller unſerer Trübſal, Angſt
und Noth:

    ℟. Komm uns zu Hilfe, o ſchmerz=
hafte Mutter Maria!

### Gebet.

O Gott, bei deſſen Leiden das
Schwert des Schmerzes die ſüßeſte
Seele deiner glorreichen Jungfrau und
Mutter Maria nach der Weiſſagung
Simeons durchdrungen hat: verleihe
gnädig, daß wir, die wir ihre Schmer=
zen und Leiden mit Andacht verehren,
die glückſelige Wirkung deines Leidens
erlangen. Der Du lebſt und regiereſt,
Gott in Ewigkeit. Amen.

## Zehnter Abschnitt.

# Andachten zu den Heiligen Gottes.

### Gebet zum heiligen Schutzengel.

O du getreuester, von Gott mir zum Schutze gegebener Begleiter, mein Hüter und Beschirmer, der niemals von meiner Seite weicht! Wie vielen Dank bin ich dir schuldig für so viele Wohlthaten, die du mir bis auf diese Stunde an Leib und Seele schon erwiesen hast! Aber ach, wie habe ich so große Liebe, so viel Gutes nicht erkannt und nicht geschätzt! Nichts als Undank, Verachtung und Widersetzlichkeit hast du leider von mir empfangen.

In Reue bitte ich dich, o heiliger Engel, um Vergebung, daß ich dich so oft betrübt und durch meine Sünden dich von mir entfernt habe. O nein, das soll doch nicht mehr geschehen; vielmehr will ich mich scheuen, irgend etwas zu denken oder zu thun, was unehrbar und sündhaft ist. Du mein Schutzgeist, bist ja bei mir und obgleich du dort oben das Angesicht unsers Vaters im Himmel immerdar siehst, so siehst du dennoch auch mich und alle meine Werke; wie sollte ich's denn wagen, in deiner unsichtbaren Gegenwart Böses zu thun? —

Hilf mir aber, o mächtiger Freund meiner Seele! hilf mir in den vielen Gefahren, die mich von allen Seiten umgeben. Laß nicht nach, für mich zu sorgen, mich zu leiten und zu schützen, bis ich meine Wanderschaft hienieden werde vollendet haben. Durch deine guten Einsprechungen besiege meinen widerstrebenden bösen Willen und durch

deine Fürbitte erlange mir einen bußfertigen Sinn und Geist — so daß
ich in allem Guten eifrig verharre.
In meinem letzten und gefährlichsten
Streite endlich komme mir zu Hilfe,
damit der böse Feind nichts über mich
vermöge und du mich dann einführest
in die selige Ewigkeit. Amen.

## Gebet zum heiligen Namenspatron.

Heiliger (heilige) N., dessen (deren)
Name mir in der heiligen Taufe
ist gegeben worden, damit ich dich als
den besondern Beschützer meines Lebens aufrichtig verehre, als meinen
besten Freund innig liebe und als
mein schönes Tugendvorbild stets vor
Augen habe: ich grüße dich jetzt recht
andächtig und voll Ehrfurcht. Ich
wünsche dir Glück zu allen jenen Gnaden, die der allgütige Gott dir im
Leben erwiesen hat, und zu jener Freude
und Glorie, die du nun ewig im Himmel genießest.

O dort oben gedenke auch meiner
und erzeige dich als meinen besondern
Schutzheiligen! Ich habe leider deine
Tugenden nur wenig oder gar nicht
nachgeahmt und bin noch immer so
vielen Gefahren und Versuchungen aus=
gesetzt. Erlange mir doch die Gnade,
daß ich einmal recht ernstlich anfange,
dir und dem Namen, welchen ich zu
tragen das Glück habe, besser Ehre
zu machen. Hilf mir, daß ich die hei=
lige Taufgnade, die ich durch meine
Sünden verloren, durch einen buß=
fertigen, wahrhaft christlichen Wandel
wieder erhalte.

Vermag ich's auch nicht, deine
Heiligkeit in Allem nachzuahmen, o so
will ich wenigstens dasjenige thun,
was mir nach meinem Stande mit
Gottes Gnade möglich ist. Und diese
Gnade erbitte du mir, heiliger Na=
menspatron, damit ich einst nach glück=
lich überstandenem Kampfe dieses Le=
bens dorthin gelange, wo du in der

Gemeinschaft aller Heiligen den drei=
einigen Gott ewig lobest und anbetest.
Amen.

## Gebete zum heiligen Joseph.

### Herzlicher Gruß.

Gegrüßt seist du, heiliger Joseph!
Du bist voll der Gnaden; Jesus
und Maria sind mit dir; du bist ge=
benedeit unter den Männern, und ge=
benedeit ist die Frucht deiner Braut,
Jesus.

Heiliger Joseph, Nährvater Jesu
und Bräutigam der allerseligsten Jung=
frau Maria! bitt für uns, jetzt und
in der Stunde unseres Absterbens.
Amen.

### Zufluchtsgebet.

Unter deinen Schutz und Schirm
fliehen wir, o heiliger Joseph, du Bräu=
tigam der Gottesgebärerin Maria!
Verschmähe nicht unser Gebet in allen
unsern Nöthen, sondern erlöse uns alle=

zeit von allen Gefahren, o du glor=
würdiger und gebenedeiter Nährvater
Jesu Christi, unser Mittler, unser
Fürsprecher! Versöhne uns mit Je=
sus Christus, dem Sohne Gottes und
deinem Pflegsohne, empfiehl uns Ma=
riä, der Mutter Gottes, deiner Braut;
stell' uns Beiden vor.

℣. Bitt für uns, o seligster Jo=
seph:

℟. Auf daß wir würdig werden
der Verheißungen Christi.

### Gebet.

O Gott, der Du durch deine lieb=
reichste Vorsehung den heiligen Joseph
zum Bräutigam deiner allerheiligsten
Gebärerin zu erwählen Dich gewürdigt
hast: verleihe gnädigst, daß wir den=
jenigen im Himmel zum Fürsprecher
haben, den wir auf Erden als unsern
Beschützer verehren; der Du lebst und
regierst 2c.

## Kräftiges Ablaßgebet.

Beschützer jungfräulicher Seelen, heiliger Vater Joseph! Deiner treuen Sorgfalt ist die Unschuld selbst, Christus Jesus nämlich, und ebenso Maria, die Jungfrau der Jungfrauen, anbefohlen und übergeben worden. Durch dieses doppelte allerliebste Unterpfand bitte und beschwöre ich dich, du wollest es bewirken, daß ich — von aller Ungerechtigkeit bewahrt, mit unbeflecktem Gemüthe, reinem Herzen und keuschem Leibe Jesu und Maria immerdar auf's Getreueste dienen könne. Amen.

1 Jahr Ablaß. Pius VII. 23. Sept. 1802.

## Gebet zum heiligen Johannes dem Täufer.

### 24. Brachmonat.

Heiliger Johannes! du bist von Gott auserwählt worden, der Vorläufer und Täufer des göttlichen Erlösers

zu sein, weßhalb du schon im Mutter-
leibe mit großen Gnaden erfüllt wurdest. Und wie getreu bist du deinem
erhabenen Berufe nachgekommen! Du
hast die Buße allen deinen Zeitge-
nossen gepredigt; aber du bist auch
selbst der eifrigste Büßer gewesen und
dein Leben ist uns jetzt noch das schönste
Vorbild christlicher Abtödtung und
Enthaltsamkeit.

Du hast den göttlichen Heiland
öffentlich als das Lamm Gottes erklärt und mit deinem eigenen Finger
auf Ihn, den angekommenen Messias,
hingewiesen. Wie groß war aber auch
deine Liebe zu Ihm, und wie sehr be-
mühtest du dich, durch deine Worte
und Heiligkeit des Lebens Ihn zu verherrlichen und als ein guter „Prophet
des Allerhöchsten" erfunden zu werden
— ja selbst dein eigenes Leben gabst
du hin, um der Wahrheit Zeugniß zu
geben.

O du heiliger Abgesandter Gottes

und Martyrer der Gerechtigkeit! erlöse
mich durch deine Fürbitte vom Ver=
harren in der Sünde und von jedem
bösen Wege. Erflehe mir die Gnade,
daß ich deine Lehren befolgend, wahre
Buße thue und würdige Früchte der
Buße bringe. Bitte, daß ich die Pflich=
ten meines Berufes in guter Meinung,
aus Liebe zu Gott, eifrig erfülle und
daß ich, sowie du, im Glauben an
Christus unerschütterlich bis ans Ende
meines Lebens verharre. Amen.

## Gebet zu den heiligen Aposteln Petrus und Paulus.

### 29. Brachmonat.

O ihr heilige Apostel, Petrus und
Paulus! ich freue mich von Her=
zen über alle jene Gnaden, die der
barmherzige Gott euch erwiesen, und
über jene großen Ehrenvorzüge, womit
Er euch in seiner Güte ausgezeichnet
hat. Du, o heiliger Petrus, hast zwar
deinen göttlichen Meister so schmählich

verläugnet; sein liebevoller Blick aber
rührte dein Herz und du hast alsdann
deinen Fall bitterlich beweint. Und
du, o heiliger Paulus, bist durch ein
Wunder der göttlichen Barmherzigkeit
aus einem Verfolger der Kirche ein
eifriger Apostel derselben geworden.

Erbittet nun auch mir die Gnade
der Bekehrung und Beharrlichkeit im
Guten. O was habe ich nicht zu befürchten, da ich, obgleich so schwach,
mir selbst noch zu viel traue, die bösen
Gelegenheiten nicht meide und im Gebete immer so lau und träge bin.

Laßt mich doch, ich bitte euch, ihr
heilige Apostelfürsten! laßt mich euern
erhabenen Tugendbeispielen besser nachfolgen und euere heilsamen Ermahnun-
gen getreuer beobachten. Wahrlich,
euere mühsamen apostolischen Arbeiten,
die vielen Verfolgungen und Leiden,
die ihr um des heiligen Glaubens
willen erduldet, der ruhmvolle Marter-
tod, welchen ihr in der Liebe Jesu so

freudig auf euch genommen — dieß
alles beschämt meine Weichlichkeit,
meine Ungeduld, meine Nachlässigkeit
und Gleichgültigkeit in dem, was das
Heil meiner Seele fordert.

O ihr ehrwürdigsten Väter und
Lehrer der heiligen katholischen Kirche!
erhaltet mir einen lebendigen Glauben,
eine feste Hoffnung und eine vollkom=
mene Liebe. Du, heiliger Petrus, als
Oberhaupt der Kirche der erste sicht=
bare Stellvertreter Jesu Christi! und
du, heiliger Paulus, das so hoch be=
gnadigte Gefäß der Auserwählung!
bewirket doch durch euere mächtige Für=
sprache, daß ich meinen Glauben als
katholischer Christ immer ungescheut
bekenne und daß auch mein ganzer
Wandel nach diesem Glauben sich ein=
richte. So möge es durch euere Bei=
hilfe und glorreichen Verdienste ge=
schehen, daß ich nach überwundenen
Versuchungen der Welt, des Satans
und des Fleisches, würdig sei, dem

allerhöchsten und ewigen Hirten unserer Seelen, Jesu Christo, vorgestellt zu werden, um Ihn anzuschauen, ewig zu lieben und ewig bei Ihm selig zu werden. Amen.

### Gebet zur heiligen Mutter Anna.
#### 26. Heumonat.

O heilige Anna, du glückselige Mutter Mariä und wahre Großmutter unseres Herrn Jesu Christi! ich ehre und preise dich recht von Herzen und rufe dich voll Vertrauen um deine Fürbitte an. Gewiß kannst du mir alle nöthigen Gnaden erhalten. Wendest du dich an Maria, wie könnte eine Tochter wie sie — ihrer besten und liebsten Mutter irgend eine Bitte abschlagen? Oder wendest du dich an Jesus, den du ja deinen göttlichen Enkel nennen darfst: wird Er dir nicht Alles geben, um was du Ihn bittest?

Lege denn bei Jesus und Maria

dein mächtiges Fürwort für mich ein.
Beiden empfehle ich alle meine körper=
lichen, zeitlichen und geistigen Anlie=
gen; besonders aber erflehe mir eine
kindliche Gottesfurcht, damit ich, so
wie du, im Gebete und in getreuer
Erfüllung meiner Berufspflichten meine
Freude finde. Bitte auch, daß ich in
herzlicher und werkthätiger Liebe zu
Jesus und Maria stets zunehme, um
auch einst in dieser Liebe selig zu
sterben. Amen.

## Gebet zum heiligen Antonius von Padua.

### 13. Brachmonat.

O du mächtiger Helfer in allen Nö=
then, heiliger Antonius von Padua!
ich habe das feste Vertrauen, daß du
auch mir in meiner Bedrängniß helfen
könnest und wollest. O laß mich doch
in meinem Vertrauen nicht zu Schan=
den werden und flehe zu dem gütig=
sten Vater im Himmel, daß Er mir

die drückende Last der Leiden erleich=
tere und mich aus aller Noth befreie.
Sollte aber meine Bitte gegen den
Willen Gottes und wider das Heil
meiner Seele sein; o so erhalte mir
doch die Gnade, daß ich jedes Leiden
geduldig und standhaft ertrage und
meinem göttlichen Erlöser in allen
Widerwärtigkeiten immer getreu bleibe.
Endlich bitte, daß auch ich nach einem
frommen Leben einst zur seligen An=
schauung Jesu gelangen möge. Amen.

## Gebet zu allen lieben Heiligen.

O ihr Heiligen Gottes, die ihr nun
in euerm Vaterlande angekommen
seid, siegreich über alle euere Feinde,
für immer von allen Uebeln und Ge=
fahren befreit, und auf ewig die un=
aussprechlichen Freuden des Himmels
genießend! Bei der Liebe Jesu, mit
welchem ihr jetzt im seligen Reiche
dort oben herrschet, bitte und beschwöre

ich euch, ihr wollet doch euere huld=
vollen Blicke auf mich armen, in dem
Thränenthale noch pilgernden Sterb=
lichen wenden und mir mit euerer
Fürsprache zu Hilfe eilen.

Sehet, ihr glorreichen Freunde
Gottes und Bewohner des himmlischen
Jerusalems! sehet, wie ich noch von
vielen Feinden umringt bin, seufzend
unter dem Gewichte meiner Sünden,
zum Bösen geneigt und so großen Ge=
fahren und Hindernissen des Heiles
ausgesetzt. Welch eine Gewalt brauche
ich nicht, bis ich nur aus meinem
Sündenelende mich herausgewunden
habe! Und wenn ich auch auf dem
Wege der Frömmigkeit einherzugehen
angefangen habe, — o wie leicht wird
meine Tugend erschüttert! wie bald
reizen mich wieder die Eitelkeiten der
Welt und die Begierlichkeit des Flei=
sches! So kann ich auf diesem ge=
fahrvollen Meere stets Schiffbruch lei=

den, zu Grunde gehen und dem ewigen Verderben anheimfallen.

Ach bittet doch, ihr glückseligen Brüder und Schwester in Jesu Christo! bittet für mich und erlanget mir die Gnade, meine Sünden zu beweinen und sie durch Werke der Abtödtung, der Nächstenliebe und der Geduld in Kreuz und Leiden abzubüßen. Ich bin ja so wie ihr, für Gott erschaffen und für den Himmel durch das kostbare Blut Jesu erkauft worden; o so flehet für mich, daß ich dieses so herrliche Ziel glücklich erreiche.

Doch ich werde es niemals errei= chen, wenn ich nicht auch die vortreff= lichen Beispiele, die ihr mir hinter= lassen, nachahme. Nur dieser Weg — der Weg des Kreuzes, der Weg der Selbstverläugnung, der Weg der gött= lichen Liebe führt zur ewigen Beloh= nung. Euch nachfolgen, so wie ihr Christo dem Herrn nachgefolgt seid — das allein macht selig.

O ihr lieben Heiligen und Aus=
erwählten Gottes! ziehet mich euch und
eueren schönen Beispielen nach. Em=
pfehlet mich euerem und meinem Gott
und Heilande, daß ich im Guten be=
ständig verharre und an Tugenden,
guten Werken und Verdiensten mit
jedem Tage zunehme, um dann einst
nach diesem mühsamen Leben in das
Haus unseres gemeinschaftlichen Vaters
einzugehen und in euerer Gesellschaft
Gottes Güte und Erbarmen ewig an=
zubeten und zu preisen. Amen.

## Eilfter Abschnitt.

# Gebete bei besondern Anlässen
### und in
## verschiedenen Anliegen.

---

### Gebet in schweren Versuchungen.

Vater im Himmel, mein Gott! harte
und schwere Versuchungen hast Du
über mich kommen lassen. Ich kann
mit König David in Wahrheit sagen.
„Meine Feinde haben meine Seele
mit Fallstricken umgeben, und Viele
sind's, die beständig gegen mich Krieg
führen. Wie auf die Höhe des Meeres
bin ich hinausgeworfen und ein fürch=

terlicher Sturm drohet mich zu ver=
schlingen."

Ach, ist denn keine Hilfe für mich?
Soll ich denn in diesen Kämpfen
rettungslos zu Grunde gehen? Ist
Satan mit seinen geheimen Einflüste=
rungen, — ist die Welt mit ihren
lockenden Freuden und Gütern, — ist
das eigene Fleisch mit seinen bösen
Lüsten, — sind diese Feinde meiner
Seele mächtiger als Gott?

Doch nein, auch ich kann mit dem
so viel geprüften Könige ausrufen:
„Ohne Furcht ist meine Seele, denn
Du, o Gott, bist ja bei mir! In
Dir werde ich aus der Versuchung ge=
rettet werden." (Pf. 22. u. Pf. 17.)
Und das ist mein Trost, daß Du, o
Gott! nach der Versicherung des Apo=
stels (1. Cor. 10.) getreu bist und
uns nicht über unsere Kräfte wirst
versuchen lassen; vielmehr wirst Du
jene, die Dich fürchten, in jeder Ver=
suchung erhalten und schützen.

24

Was will ich denn so kleinmüthig werden und beim Herannahen meiner Feinde erschrecken? Das ganze Leben des Menschen ist ja eine fortgesetzte Versuchung, „ein unaufhörlicher Kampf, ein mühsamer und gefahrvoller Kriegsdienst." In der Versuchung muß die Tugend geprüft werden, so wie das Gold im Glutofen und das Silber im Schmelztiegel. Nur wer die Anfechtung mit Muth und Ausdauer besteht, nur der wird selig gepriesen (Jak. 1, 12.). Diesen beschwerlichen Weg mußten die Frommen aller Zeiten gehen.

O so will ich mich denn ermuthigen, — will mit gläubiger Zuversicht auf Dich, mein göttlicher Erlöser, hinblicken. Du selbst ließest Dich zu drei Malen von dem bösen Geiste versuchen, um dadurch uns die nöthige Kraft in jeder Versuchung zu verdienen. So wolltest Du auch in Allem, mit einziger Ausnahme der Sünde, uns gleich werden und so in eigener Erfahrung

das menschliche Elend durchleben (Hebr.
4, 15.), um desto mitleidiger denen
zu helfen, die versucht werden.

Voll Vertrauen rufe ich denn jetzt
zu Dir, o Jesu! Weiche nicht von
mir mit deiner schützenden Gnade.
Aus mir selbst vermag ich ja nichts,
Alles aber durch Dich. Hilf mir also,
Du allmächtiger Gott! und rette mich
aus jeder Gefahr. Gib nicht zu, daß
ich jemals in böse Gedanken einwillige
oder von den Reizen der Sinnlichkeit
überwunden werde. Laß mich stets zur
Wachsamkeit und zum eifrigen Gebete
meine Zuflucht nehmen, damit ich in
keiner Versuchung Schaden leide am
Heile meiner armen Seele. Verleihe,
daß ich in diesem Kampfe gegen alles
Sündhafte getreu und standhaft ver=
harre und so in der Geduld immer
schönere, immer mehr Früchte der Gott=
seligkeit bringe. Amen.

## Gebet um Stärke zu allen Tugenden.

### Nach dem Gebete des Papstes Klemens XI.

O mein Gott! ich glaube an Dich, stärke meinen Glauben; ich hoffe auf Dich, befestige meine Hoffnung; ich liebe Dich, vermehre doch in mir die Liebe; es reuet mich, daß ich jemals Dich beleidigt habe, möchte doch meine Reue inniger und lebhafter sein.

Ich bete Dich an als meinen Gott, von dem ich mein Leben und Alles, was ich bin, habe; ich verlange nach Dir als nach meinem letzten Ziel und Ende; ich preise Dich als meinen immerwährenden Wohlthäter; ich flehe Dich an als meinen höchsten Beschirmer.

O mein Gott! nach deiner Weisheit leite mich; nach deiner Gerechtigkeit halte mich in Schranken; in deiner Milde tröste mich; durch deine Allmacht beschütze mich.

Ich opfere Dir auf alle meine Gedanken und Begierden, alle meine

Worte, Werke und Leiden, damit ich künftig stets an Dich denke, nach Dir verlange, von Dir rede, nach deinem Wohlgefallen handle und alle Beschwerden deinetwegen trage.

Ich will Alles, was Du nur immer willst; ich will es, weil Du es willst, wie Du es willst und so lange Du es willst.

Ich bitte Dich, erleuchte meinen Verstand, daß ich Dich und deine Wahrheiten immer besser erkenne; bewege meinen Willen, daß ich das Gute immer eifriger thue; Herz und Seele reinige und heilige in mir immer mehr, damit ich deiner Liebe um so eher würdig werde.

Stärke mich, o Gott, daß ich meine begangenen Sünden beweine und abbüße, die kommenden Versuchungen überwinde, meine fehlerhaften Neigungen unterdrücke und jegliche Tugend nach den Erfordernissen meines Standes ausübe.

Erfülle mein Herz mit dankbarer Liebe gegen Dich, mit einem heiligen Hasse gegen meine sündhaften Begierden, mit aufrichtiger Liebe gegen meine Mitmenschen und mit Geringschätzung aller weltlichen Güter und sinnlichen Genüsse.

Laß mich immer bemühet sein, meinen Vorgesetzten willig zu gehorsamen, meinen Feinden von Herzen zu verzeihen, meinen Freunden Treue und den Untergebenen Nachsicht zu erweisen.

Hilf mir, o Gott, daß ich die Hoffart durch Demuth, die Wohllust durch Abtödtung, die Habsucht durch Freigebigkeit, den Unwillen durch Sanftmuth und die Trägheit durch einen frommen Eifer überwinde.

Mache mich vorsichtig bei meinen Unternehmungen, muthig in Gefahren, geduldig in Widerwärtigkeiten und bescheiden im Wohlergehen.

Möge ich's nie unterlassen, bei all' meinem Thun und Leiden eine

gute Meinung zu erwecken, beim Gebete andächtig zu sein, mäßig im Essen
und Trinken, fleißig in meinen Ge-
schäften und standhaft in meinen guten
Vorsätzen.

Gib mir, o Herr, die Gnade, daß
ich immer ein gutes Gewissen habe,
und im Umgange mit Andern sittsam
und auferbaulich mich erzeige; daß ich
meine böse Natur bezähme, mit deiner
Gnade mitwirke, deine Gebote halte
und so das Heil wirke.

Laß mich erkennen die Eitelkeit
und Nichtigkeit aller irdischen Dinge,
den hohen Werth des Himmels, die
Kürze der Zeit, die Länge der Ewigkeit, die Bosheit der Sünde und die
Größe deiner Liebe.

Gib, o mein Gott, daß ich mich
auf den Tod gut vorsehe und vorbe-
reite, dein Gericht fürchte, der Hölle
entgehe und endlich in den Himmel
aufgenommen werde; durch die Verdienste unsers Herrn Jesu Christi. A.

# Noch ein Gebet um viele Tugenden und Gnaden.

### Vom hl. Thomas von Aquin.

Allmächtiger, barmherziger Gott! Verleihe mir, daß ich Alles, was Dir wohlgefällt, von ganzem Herzen begehre, suche, erkenne und erfülle. Zu deines Namens Ruhm und Ehre richte und ordne all' mein Wesen, Thun und Lassen. Laß mich Alles einsehen, wollen und vermögen, was Du von mir verlangst, und gib, daß ich es auch ausführe, wie es sich gebührt und zum Heile meiner Seele gereicht.

Mache, daß mein Weg zu Dir sicher, gerade und vollkommen sei, so daß ich nicht schwanke weder im Glück noch im Unglück, in jenem mich nicht erhebe, noch in diesem verzage. Im Wohlergehen laß mich Dir danken, in der Widerwärtigkeit die Geduld bewahren; über nichts mich freuen, als was mich inniger mit Dir verbindet;

über nichts betrübt werden, als was
mich von Dir trennt.

Gib, daß ich Niemanden zu gefallen suche, und Niemanden zu mißfallen fürchte, als nur Dir allein;
daß ich Alles in Liebe zu Dir thue,
und was nicht zu deinem Dienste gehört, für werthlos erachte; daß ich
meine Werke nicht nur aus kalter Gewohnheit vollführe, vielmehr mit guter
Meinung auf Dich beziehe.

Um Deinetwillen sei und erscheine
mir alles Vergängliche verächtlich, theuer
aber und lieb Alles, was Dich be-
trifft, und Du, mein Gott! mehr als
Alles. Willkommen sei mir jede Mühe,
die für Dich ist, zuwider aber die
Ruhe, die nicht in Dir ist.

Verleihe mir, o Herr, daß ich
mein Herz recht oft zu Dir empor-
richte, in tiefster Reue meiner Sünden gedenke und den Vorsatz zur Besserung ernstlich erneuere. Mache mich
demüthig ohne Verstellung, heiter und

fröhlich ohne Ausgelaſſenheit, trauernd
ohne Kleinmüthigkeit, ernſt ohne Hof=
fart, thätig ohne Leichtſinn, wahrhaft
ohne Zweideutigkeit, auf Dich hoffend
ohne Vermeſſenheit, Dich fürchtend ohne
Verzweiflung, keuſch ohne Makel, ge=
horſam ohne Widerrede, und geduldig
ohne Murren.

Den Nächſten laß mich zurecht=
weiſen ohne Unwillen und ihn durch
Wort und Beiſpiel erbauen, ohne mich
zu erheben. Gib mir, o liebreichſter
Jeſus, ein wachſames Herz, daß kein
leichtfertiger Gedanke von Dir ablenke;
ein edelgeſinntes und ſtandhaftes Herz,
das durch keine unwürdige Neigung
ſich feſſeln laſſe; ein unbeſiegbares
Herz, das in keiner Trübſal erliege;
ein freies Herz, das ſich keiner böſen
Luſt hingebe; ein aufrichtiges Herz,
das keine verkehrte Abſicht auf Ab=
wege führe.

Schenke mir, o gütigſter Gott,
Verſtand, Dich zu erkennen, Eifer,

Dich zu suchen, Weisheit, Dich zu finden, einen solchen Wandel, wie er Dir wohlgefällig ist, Beharrlichkeit, die Dich mit Zuversicht erwartet, und Vertrauen, das an Dir bis zum Ende festhält. So laß mich hier in diesem Leben durch wahre Buße theilhaftig werden deiner Gnaden und Wohltha= ten und endlich im himmlischen Vater= lande deine Freuden genießen in der Glorie. Amen.

## Gebet um die Keuschheit.
### Besonders für Jünglinge und Jungfrauen.

Mein Herr und mein Gott! ich komme vor dein Angesicht, Dich um deinen Beistand und um jene Gna= den zu bitten, deren ich vorzüglich in meinem Alter und Stande bedarf. Du hast ja ein besonders hohes Wohl= gefallen an reinen Herzen und an ei= nem züchtigen, keuschen Wandel. Aber ach, wie vielmal schon habe ich nicht so rein und keusch gelebt, wie ich hätte

sollen! O ich habe leider mein Herz
und mein Gewissen so oft schon be-
fleckt — und dadurch die schönste Zierde
und das größte Gut eines christlichen
Jünglings (einer christlichen Jungfrau),
wenn auch nicht ganz verloren, doch
sehr der Gefahr ausgesetzt.

Barmherziger Gott! Verzeihe mir
alle diese Vergehen und schaffe in mir
ein reines Herz, einen keuschen Sinn
und Geist. Wie Du Dich einer Magdalena und so vieler Anderer, die in
solchen Sünden gelebt, erbarmtest, so
thue auch Gnade an mir.

Vor Allem aus laß mich die Unschuld und Reinigkeit recht hoch schätzen
und lieber Alles, als dieses kostbarste
Kleinod verlieren, das ja auf immer
dahin ist, wenn es einmal verloren
ist. O ich lebe in einer Welt voll
Gefahren und Lockungen zur Sünde;
rüste mich aus mit Abscheu und einer
heiligen Furcht vor Allem, was mich
vor deinen allsehenden Augen und vor

mir selbst schamroth machen würde.
Laß mich über meine Gedanken, Re=
den und Blicke sorgfältig wachen, da=
mit ich die geheimsten Regungen der
Sinnlichkeit, die kleinsten Anfälle der
Wohllust unterdrücke. Mache mich miß=
trauisch gegen mein eigenes Herz; denn
wie sollte ich wohl mir selbst trauen
können, da ich ja so schwach, so ge=
brechlich und zum Bösen so sehr ge=
neigt bin?!

Stärke mich, o allmächtiger Gott,
daß ich jeden verdächtigen Umgang,
jede verderbliche Gesellschaft und böse
Gelegenheit als das tödtliche Gift der
Seele, als das allergrößte Uebel meide.
O nein, ohne deine besondere Gnade
kann ich da nicht feststehen, in der
Tugend nicht verharren; wie dürfte
ich aber auf diese Gnade hoffen, wenn
ich selbst freiwillig solchen Gefahren
mich aussetzte?! Ach, wo so Viele
durch ihre Unvorsichtigkeit und ihren
Leichtsinn in den tiefsten Abgrund des

Verderbens gefallen ſind, da laß mich
doch klüger handeln und wachſam ſein.

Meinen Leib und meine Seele haſt
Du, o Gott, in der heiligen Taufe
gereinigt und zu deinem Tempel ein=
geweiht; o gib doch nicht zu, daß ich
je durch etwas Unehrbares dieſen dei=
nen Tempel entheilige und ſchände,
ihn vielmehr in Ehren halte. Ich ver=
ſpreche es Dir mit aufrichtigem Her=
zen: ich will mich von aller Unkeuſch=
heit enthalten und die Reinigkeit des
Herzens, koſte es, was es wolle, be=
wahren. Dazu hilf mir mit jener
Gnade, die ſtark iſt in den Schwachen.
Stehe mir bei, daß ich immer zu je=
nen reinen Seelen gehöre, denen Du
deine Anſchauung verheißen haſt.

Auch du, reinſte Jungfrau und
keuſcheſte Mutter Maria! erbitte mir
dazu Gnade und Kraft von Jeſus,
deinem göttlichen Sohne. _ Amen.

# Gebet um Erfüllung der Standespflichten.

### Besonders für Eheleute.

Gütigster Gott! ich erkenne es als eine Führung deiner heiligen Vorsehung, daß ich jetzt in diesem Stande mich befinde; daher preise ich deine Weisheit, die Alles zu unserem Heile leitet und ordnet.

Da Du mir aber gerade diesen Stand angewiesen hast, so willst Du auch, daß ich in demselben Dir diene, mich selbst heilige und so vor Allem aus dein Reich und deine Gerechtigkeit suche. Ja das soll ich, das kann ich mit deiner Hilfe; nicht bei einem nur beschaulichen, sondern bei einem in Liebe thätigen Leben soll und kann ich mein ewiges Heil wirken.

Eben darum fliehe ich nun zu Dir, o mein Gott! Gib mir deine heilige und starke Gnade, daß ich allen Ueberdruß, allen Unmuth überwinde, und

alle Verdrießlichkeiten und widrige Ge=
schicke in Sanftmuth und Geduld er=
trage. Laß mich meine Pflichten er=
kennen und dieselben auch genau und
eifrig erfüllen. O wenn ich jeden Tag
bei Allem nur das thue, was Du
willst und weil Du es willst: dann
kann auch ich selig werden; viele Hei=
lige und Auserwählte glänzen ja jetzt
in der ewigen Glorie, die einst auf
Erden Dir in dem nämlichen Stande
dienten.

Dir, o Lenker aller Herzen, Dir
sei also all' mein Thun und Lassen,
alle meine Schritte und Tritte, meine
Sorgen und Arbeiten — Alles sei
Dir empfohlen! Bei meinen zeitlichen
Beschäftigungen erhebe meine Gedan=
ken recht oft zu Dir, daß ich Alles
Dir aufopfere und Dir zu Lieb' thue.
Verleihe mir einen ungestörten Frie=
den in der Haushaltung, um so dei=
nes Segens stets würdig zu werden.
Sei Du unser unsichtbare Hausvater

und sorge dafür, daß wir vor jedem
Unglück bewahrt bleiben.

All' mein Vertrauen und mein
Trost ist in allen Dingen auf Dich,
o Herr, gesetzt; denn, wo Du nicht
deine Gnade gibst und das Haus nicht
bauest und nicht erhaltest, da ist all'
unsere Mühe und Arbeit verloren.

Auch bete ich für alle die Meini=
gen, Kinder und Hausgenossen; erhalte
sie in deiner Gnade, und gib, daß ich
sie zu allem Guten anleite und von
Sünden und Gefahren abhalte. Ver=
leihe, daß ich ihnen mit meinem eige=
nen guten Beispiele vorleuchte und sie
so für die Tugend und Frömmigkeit
gewinne.

Auf diese Weise laß mich, o Va=
ter, meines Berufes immer würdig
wandeln und mit jenem guten Knechte
im Evangelium auch im Kleinen und
Wenigen getreu sein, auf daß ich nach
den Mühsalen dieses kurzen Lebens
dorthin gelange, wo Du alles mit

Hinauf zu Gott! 25

ewiger Seligkeit belohnest, was wir hienieden nach deinem Willen gethan haben. Amen.

## Tugendübungen für Kranke.

O Gott, merk' auf meine Hilfe; Herr, eile mir zu helfen! Mein Helfer und mein Erlöser, ach! verweile nicht länger. Meine Seele ist traurig und betrübt; o sei Du mein Trost, Vater der Barmherzigkeit und Gott alles Trostes! Hilf mir, o Gott, und laß mich bei Dir Heil finden. —

Ich glaube an Dich, o dreieiniger Gott, Vater, Sohn und heiliger Geist! Ich glaube, daß Du, o Jesu, Christus bist, der Sohn des lebendigen Gottes, und daß Du in diese Welt gekommen bist, nicht um die Sünder zu verderben, sondern zu retten und selig zu machen. Ich glaube und bekenne auch Alles, was die heilige katholische Kirche glaubt und bekennt,

und in diesem Glauben will ich leben
und sterben. —

Groß und unzählbar sind freilich
meine Sünden; aber ich bereue sie
von ganzem Herzen und so hoffe ich
durch die Verdienste Jesu, meines Erlösers, die Verzeihung meiner Vergehen, deine Gnade und das ewige
Leben. O Jesu, Du hast noch nicht
die Stelle eines Richters gegen mich
angenommen, Du bist noch mein Fürsprecher; warum sollte ich denn nicht
alles Gute von Dir und durch Dich
hoffen? —

Mein Gott, ich liebe Dich von
ganzem Herzen, Du hast mich zuerst
geliebt, — Du hast mich mehr geliebt, als dein eigenes Leben. Ja
meine Liebe ist und bleibt Jesus, der
Gekreuzigte! — Aus Liebe zu Dir
nehme ich alle Schmerzen an, die Du
jetzt über mich schickest. Was ich jetzt
nur immer leide, will ich leiden und
ertragen, weil und wie Du es willst,

und dieß Alles opfere ich Dir auf in
Vereinigung mit dem bittern Leiden
und Sterben Jeſu, zur Abbüßung
meiner Sünden.

„Vater, iſt es möglich, ſo gehe
dieſer Kelch von mir, doch nicht wie
ich will, ſondern wie Du willſt" —
ſo bete ich mit meinem göttlichen Erlöſer zum Vater im Himmel. Hat es
deine Vorſehung, o Vater, beſchloſſen,
daß ich dieſen Leidenskelch trinke, ſo
geſchehe dein heiliger, anbetungswürdiger Wille! Du willſt mich durch
das Feuer der Trübſal reinigen, meinem leidenden Heiland gleichförmig
machen und mir noch Gelegenheit geben, recht viele Verdienſte zu ſammeln.
O verleihe und vermehre in mir die
kindliche Ergebung in deinen Willen.

Du ſiehſt meine Schwachheit, o
mein Gott! aus mir ſelbſt vermag
ich nichts, durch Dich Alles. O ſtärke
mich doch mit deiner Gnade, auf daß
ich dieſe Krankheit geduldig leiden

könne. Ja, diese Ohnmachten, diese
Schmerzen des Leibes, dieses Gedrückt=
sein im Geiste, alles Unbequeme und
Widrige, was die Krankheit mit sich
bringt, — das alles laß mich, ohne
zu murren, gelassen und ruhig ertra=
gen. Mit Dir, o Jesu, laß mich lei=
den, um auch mit Dir verherrlicht zu
werden. Auch die größten Leiden die=
ser Zeit sind nicht zu vergleichen mit
der künftigen Glorie, die an uns wird
offenbar werden. (Röm. 8.)

O himmlischer Arzt! Du heilest
durch ein Wort alle Gebrechen der
Seele; Du heilest aber auch die Krank=
heiten des Leibes, wenn Du siehst,
daß dieses der Seele nützlich ist. Heile
mich, o Herr, und ich werde an der
Seele gesund sein; stelle mich wieder
her, und ich werde auch dem Leibe
nach genesen. Ich vertraue auf Dich,
nicht auf die Kunst der Aerzte; wenn
ich auch zeitliche Mittel gebrauche, so

weiß ich wohl, daß ohne deinen Segen
alles nichts nützt.

In deiner Hand, o allmächtiger
Gott, iſt Geſundheit und Krankheit,
Leben und Tod. Von Dir habe ich
das Leben empfangen; ſoll nun das=
ſelbe enden, ſo bin ich dazu bereit.
Ich will ſterben im Geiſte der Buße,
um für alle meine Sünden, beſonders
für den Mißbrauch des Lebens genug=
zuthun. Ich will ſterben und dabei
vereinige ich mich mit Jeſus, der am
Kreuze für meine Erlöſung geſtorben
iſt. Jeſu, Dir lebe ich; Jeſu, Dir
ſterbe ich!

Wie wird mir aber ſein, wenn
die Aengſten des Todes mich umrin=
gen, wenn die Nähe des Gerichtes mich
ſchreckt, wenn eine ewige Seligkeit und
eine ewige Verdammniß vor meinen
Augen ſchwebt!? Ach, ſollte ich mich
da nicht fürchten, wo ſelbſt Heilige
keine Sicherheit hatten? Doch nein,
o mein Gott! Du wirſt mich in dieſer

Stunde der größten Trübsal nicht ver=
lassen; auf Dich vertraue ich. O stehe
mir im Tode bei und laß mich in
deiner Gnade und Liebe sterben. Durch
mein leichtsinniges, sündhaftes Leben
habe ich mich zwar dieser Gnade un=
würdig gemacht; aber Du bist ein
Gott der Güte und Barmherzigkeit.

Ja Vater, in deine Hände befehle
ich meinen Geist! Erbarme Dich mei=
ner, und verlaß mich nicht im Tode!

Gott Sohn, Erlöser der Welt,
verwirf nicht jene Seele, die Dich so
viel gekostet hat; bei meinem letzten
Ende verbirg diese arme Seele in
deinen heiligen Wunden und bereite
ihr ein glückseliges Hinscheiden.

Auch zu dir, o liebste Mutter
meines Herrn und Gottes! auch zu
dir rufe ich jetzt in meiner Krankheit
und klage dir meine Noth und all'
mein Elend. Bitte für mich und sei
auch mir das Heil der Kranken! Er=
halte mir aber vor Allem aus eine

recht innige Ergebung in den Willen
Gottes und eine recht feſte, ſtandhafte
Geduld. Und wenn meine Krankheit
zum Tode neigt, o dann beſonders ſei
meiner eingedenk, komm mir zu Hilfe
und führe meine arme Seele in den
Himmel. Amen.

## Gebet bei allgemeinen Drangſalen.

### Gebet des hl. Auguſtinus.

Vor deinen Augen, o Herr! bekennen
wir die Sünden, die wir begangen
— und vergleichen ſie mit den Stra=
fen, die wir verdient haben.

Ueberdenken wir das Böſe, das
wir verübt, ſo ſind die gegenwärtigen
Leiden viel geringer, als wir durch
unſere Miſſethaten verdient hätten.

Wir empfinden die Strafen der
alten Sünden, und noch immer lebt
die Luſt zu neuer Sünde in unſern
Herzen.

Unſere Schwachheit wird unter
deiner Geißel gedrückt; unſere Bosheit
aber wird nicht geändert.

Bitterer Schmerz nagt an unſerm Leben; aber unſer Wandel beſſert ſich nicht.

Wenn Du langmüthig ſchoneſt, ſo achten wir nicht darauf; und wenn Du züchtigeſt, ſo halten wir's nicht aus.

Unter deiner Strafruthe geſtehen wir unſere Verbrechen; aber nach dei= ner Heimſuchung vergeſſen wir, was wir zuvor beweint haben.

Wenn Du deinen ſtrafenden Arm ausſtreckeſt, ſo verſprechen wir Beſſe= rung; ziehſt Du aber das Schwert zurück, ſo unterlaſſen wir Alles, was wir verſprochen haben.

Wenn Du uns ſchlägſt, ſo ſchreien wir zu Dir: verſchone uns! ſobald Du aber verſchoneſt, ſo reizen wir Dich wieder auf ein Neues.

Herr, wir bekennen unſere Schuld; Du haſt an uns Sünder. Wir wiſſen, daß Du uns billig vertilgeſt, wenn Du uns nicht vergeben willſt.

Verleihe uns, allmächtiger Vater!

ohne unser Verdienst dasjenige, um was wir Dich bitten — der Du jene, die Dich bitten, aus Nichts erschaffen hast.

V. Herr, verfahre mit uns nicht nach unsern Sünden:

R. Und vergilt uns nicht nach unsern Missethaten.

### Gebet.

O Gott, der Du Dich lieber erbarmen, als zürnen willst: gib uns deine Gnade, daß wir die begangenen Sünden von Herzen beweinen und dadurch fähig werden, die Süßigkeit deiner Tröstungen zu erfahren. Durch Christum, unsern Herrn. Amen.

## In allen Anliegen und Trübsalen.

.Vom hl. Benedikt Joseph Labre.

Jesus Christus, König der Herrlichkeit, ist im Frieden gekommen.

Gott ist Mensch geworden.

Das Wort ist Fleisch geworden.

Christus ist aus Maria der Jung=
frau geboren.

Christus schritt im Frieden mitten
durch sie hin.

Christus ist gekreuzigt worden.

Christus ist gestorben.

Christus ist begraben worden.

Christus ist auferstanden.

Christus ist in den Himmel auf=
gefahren.

Christus siegt.

Christus regiert.

Christus herrschet.

Christus beschütze uns vor allem
Uebel.

Christus ist mit uns.

Vater unser, Gegrüßt seist und Ehre
sei 2c.

1. Ewiger Vater! Erweise uns
Barmherzigkeit um des Blutes Jesu
willen. Bezeichne uns mit dem Blute des
unbefleckten Lammes Jesu Christi, gleich=
wie Du Israel dein Volk bezeichnet
hast, um es von dem Tode zu be=

freien. Und du, o Maria, Mutter der
Barmherzigkeit, bitte und beſänftige
Gott für uns und erwirb uns die
Gnade, um die wir zu dir flehen.

Die Ehre ſei dem Vater u. ſ. w.

2. Ewiger Vater! Erweiſe uns
Barmherzigkeit um des Blutes Jeſu
willen. Errette uns aus dem Schiffbruche
der Welt, gleichwie Du Noe aus der
allgemeinen Sündfluth errettet haſt.
Und du, o Maria, Arche des Heiles,
bitte und beſänftige Gott für uns und
erwirb uns die Gnade, um die wir
zu dir flehen.

Die Ehre ſei dem Vater u. ſ. w.

3. Ewiger Vater! Erweiſe uns
Barmherzigkeit um des Blutes Jeſu
willen. Befreie uns von den verdien=
ten Strafen, gleichwie Du Lot von
dem Brande Sodoma's befreit haſt.
Und du, o Maria, unſere Fürſpre=
cherin, bitte und beſänftige Gott für

uns und erwirb uns die Gnade, um die wir zu dir flehen.

Die Ehre sei dem Vater u. s. w.

4. Ewiger Vater! Erweise uns Barmherzigkeit um des Blutes Jesu willen. Tröste uns in den gegenwärtigen Anliegen und Nöthen, gleichwie Du Job, Anna und Tobias in ihren Trübsalen getröstet hast. Und du, o Maria, Trösterin der Betrübten, bitte und besänftige Gott für uns und erwirb uns die Gnade, um die wir zu dir flehen.

Die Ehre sei dem Vater u. s. w.

5. Ewiger Vater! Erweise uns Barmherzigkeit um des Blutes Jesu willen. Du willst nicht den Tod des Sünders, sondern daß er sich bekehre und lebe. Gib uns um deiner Barmherzigkeit willen Zeit zur Buße, damit wir durch Erkenntniß und Reue unserer Sünden, welche jedes Uebel verursachen, im heiligen Glauben, in der

Hoffnung, in der Liebe und im Frie=
den unſers Herrn Jeſu Chriſti leben
können. Und du, o Maria, Zuflucht
der Sünder, bitte und beſänftige Gott
für uns und erwirb uns die Gnade,
um die wir zu dir flehen.

Die Ehre ſei dem Vater u. ſ. w.

6. O koſtbares Blut Jeſu, unſere
Liebe! Rufe bei deinem göttlichen Va=
ter um Barmherzigkeit und Vergebung,
um Gnade und Frieden für uns,
für .... und für Alle.

Die Ehre ſei dem Vater u. ſ. w.

7. O Maria, unſere Mutter und
unſere Hoffnung! Bitte für uns,
für .... und für alle Menſchen; und
erwirb uns die Gnade, um die wir
flehen.

Die Ehre ſei dem Vater u. ſ. w.

8. Ewiger Vater! Ich opfere
Dir auf das Blut Jeſu Chriſti zur
Sühnung meiner Sünden, für die

Angelegenheiten der heiligen Kirche und
für die Bekehrung der Sünder.

Die Ehre sei dem Vater u. s. w.

9. O unbefleckte Jungfrau Maria,
Mutter Gottes, bitte Jesum für uns,
für .... und für alle Menschen. —
O Jesu und Maria, erweiset uns
Barmherzigkeit.

Die Ehre sei dem Vater u. s. w.

10. Heiliger Erzengel Michael,
heiliger Joseph, heiliger Petrus und
Paulus, Beschützer aller Gläubigen
der Kirche Gottes, und ihr alle Engel
und Heilige des Paradieses, bittet und
flehet um Gnade und Barmherzigkeit
für uns, für .... und für alle Men=
schen. Amen.

Die Ehre sei dem Vater u. s. w.

Jedesmal 100 Tage Ablaß von Pius
IX. am 5. August 1854.

## Um den Frieden zu erbitten.

Antiphon. Gib, o Herr, Frieden in unsern Tagen, weil kein Anderer ist, der für uns streitet, als Du, unser Gott.

℣. Es werde Friede in deiner Kraft:

℟. Und überfließende Hilfe in deinen Thürmen.

### Gebet.

O Gott, von welchem die heiligen Begierden, die guten Entschlüsse und die gerechten Werke entspringen: gib deinen Dienern jenen Frieden, welchen die Welt nicht geben kann, damit unsere Herzen deinen Geboten ergeben und, nachdem jede Furcht vor unsern Feinden hinweggenommen, unsere Tage unter deinem Schutze ruhig und friedlich seien. Durch Christum, unsern Herrn. Amen.

100 Tage Ablaß. Pius IX. 18. Sept. 1848.

## Zur Zeit eines Ungewitters.

Vor Blitz, Hagel und Ungewitter †
bewahre uns, o Herr und Gott!
Herr, erbarme Dich unser! Christe,
erbarme Dich unser! Herr, erbarme
Dich unser!

Vater unser 2c. Gegrüßt seist du,
Maria 2c.

V. Herr, zeige uns deine Barmherzigkeit:

R. Und stehe uns bei mit deiner
Hilfe.

V. Herr, erhöre unser Gebet:

R. Und laß unser Flehen zu Dir
dringen.

### Gebet.

Allmächtiger, ewiger Gott, Vater,
Sohn und heiliger Geist! wir arme
sündige Menschen fliehen zu Dir in
dieser Noth und bitten Dich durch
deine unendliche Barmherzigkeit, Du
wollest uns aus dieser Gefahr erretten

26

und uns vor dem fchweren Ungewitter behüten.

O gütiger Vater, der Du bei der Taufe Jefu in einer hellleuchtenden Wolfe erfchienen und deine göttliche Stimme aus derfelben haft hören laffen: wir bitten Dich, zertheile, vertreibe und vernichte jetzt diefe trüben Wolfen, damit fie uns und all' dem Unfrigen keinen Schaden zufügen, fondern in einem fruchtbaren Regen fich auflöfen.

Göttlicher Heiland, Jefus Chriftus, der Du bei deiner Himmelfahrt von einer lichten Wolfe bift aufgenommen worden und mit allmächtiger Hand deinen Gläubigen noch den Segen gegebeu haft: durch dein holdes Angeficht erleuchte jetzt die Finfterniß diefer trüben Wolfen, erhebe deine gebenedeite Hand und mache das heilige Kreuzzeichen über diefe braufenden Winde und fchrecklichen Blitze, damit sie durch die Kraft deines Segens eine heilsame Wirkung hervorbringen.

O heiliger Geist, der Du am hohen Pfingsttage unter großem Brausen und starkem Sturmwinde herabgekommen bist, Alles aber mit Freude und Segen erfüllt hast: mach auch jetzt, daß dieser schädliche Sturmwind vertrieben und die schweren Wolken verjagt werden. Verändere dieses gefährliche Ungewitter in eine freundliche Witterung und diese trübe Luft in eine wohlthuende Heiterkeit.

Allerheiligste Dreifaltigkeit! segne jetzt mich und die Meinigen sammt allen Bewohnern dieses Landes; bewahre uns und unsere Häuser und Aecker, Wiesen und Felder vor jeglichem Schaden, Blitz und Donnerschlag. Wir werden Dir dafür von Herzen danken und deine Güte immerdar preisen, der Du lebst und regierst als dreieiniger Gott in alle Ewigkeit. Amen.

# Gebet um den göttlichen Segen für die Feldfrüchte.

℣. Der Name des Herrn sei gebenedeit:

℟. Von nun an und in alle Ewigkeit!

℣. Unsere Hilfe ist im Namen des Herrn.

℟. Welcher Himmel und Erde geschaffen hat.

### Gebet.

Allmächtiger Gott! Du hast uns einen Leib gegeben, der Speise und Trank zur Nahrung nöthig hat; Du hast die Erde so eingerichtet, daß sie Pflanzen und Früchte aller Art hervorbringt; Du hast auch befohlen, daß wir die Erde im Schweiße unseres Angesichtes umgraben und anbauen sollen. Sieh unsere Arbeit gnädig an und segne sie! Segne den Samen, den wir ausgesäet haben. Gib der

Erde fruchtbare Witterung und milden Regen und Sonnenschein zur rechten Zeit. Bewahre die Feldfrüchte vor anhaltender Dürre und Nässe, vor Frost, Hagel, Wolkenbrüchen und vor Allem, was ihnen schädlich ist. Schenke uns ein gesegnetes, fruchtbares Jahr, damit wir deine Güte und Freigebigkeit loben und mit freudigem Eifer Dir dienen mögen: durch Christum, unsern Herrn. Amen.

## Dankgebet nach einer gesegneten Ernte.

Wir danken Dir, allmächtiger Gott! für den reichlichen Segen, mit welchem deine väterliche Güte in diesem Jahre uns beschenkt hat. Verleihe, daß wir ihn nach deiner heiligen Absicht zu unserem und unseres Nächsten Besten verwenden, und deiner Wohlthaten ferner würdig und theilhaftig werden. Durch Jesus Christus, unsern Herrn. Amen.

## Zwölfter Abschnitt.

# Fromme Fürbitten für Lebende.

### Das allgemeine Gebet.

Allmächtiger, ewiger Gott, Herr, himmlischer Vater! sieh mit den Augen deiner grundlosen Barmherzigkeit unseren Jammer, Elend und Noth an. Erbarme Dich über alle Christgläubigen, für welche dein eingeborner Sohn, unser Herr und Heiland Jesus Christus, in die Hände der Sünder freiwillig gekommen und auch sein kostbares Blut am Stamme des heiligen Kreuzes willig vergossen hat.

Durch diesen unsern Herrn Jesus Christus wende von uns ab, gnädigster Vater! alle wohlverdienten Strafen, gegenwärtige und zukünftige Gefahren, schädliche Empörungen, Kriegsrüstungen, Theurungen, Krankheiten und betrübte, armselige Zeiten. Erleuchte auch und stärke in allem Guten die geistlichen und weltlichen Obrigkeiten und Vorsteher, damit sie Alles befördern, was zu deiner göttlichen Ehre, zu unserm Heile, zum allgemeinen Frieden und zur Wohlfahrt der ganzen Christenheit gedeihen mag.

Verleihe uns, o Gott des Friedens! eine rechte Vereinigung im Glauben, ohne alle Spaltung und Trennung. Bekehre unsere Herzen zur wahren Buße und Besserung des Lebens. Zünde in uns an das Feuer deiner Liebe. Gib uns einen Hunger und Eifer zu aller Gerechtigkeit, damit wir als gehorsame Kinder im Leben und Sterben Dir angenehm und wohlgefällig seien.

--

Wir bitten auch, o Gott, wie Du willst, daß wir bitten sollen — für unsere Freunde und Feinde, für Gesunde und Kranke, für alle betrübten und elenden Christen, für die Lebendigen und Abgestorbenen. Dir sei für immer empfohlen, o Herr, all' unser Thun und Lassen, unser Handel und Wandel, unser Leben und Sterben. Laß uns hier deine Gnade genießen und dort mit allen Auserwählten es erlangen, daß wir in der ewigen Freude und Seligkeit Dich loben und preisen mögen. Das verleihe uns, o Herr, himmlischer Vater! durch Jesus Christus, deinen Sohn, unsern Herrn und Heiland, der mit Dir und dem heiligen Geiste, gleicher Gott, lebt und regiert in alle Ewigkeit. Amen.

# Für die Erhaltung der hl. katholischen Kirche.

Ewiger Vater! gedenke deiner Gemeinde, die Dir von Anbeginn zugehört. Erkenne die heilige katholische Kirche als die Braut deines eingebornen Sohnes, für welche Er sein Blut zu vergießen sich nicht geweigert hat. Ich bitte Dich, erhöhe sie durch den Glanz der Heiligkeit und durch den Reichthum deiner Gnaden, damit sie eines solchen Bräutigams und eines so großen Erlösungspreises würdig werde. Blicke gütigst auf alle Kinder dieser heiligen Mutter und geselle zu ihnen alle Völker, damit Alle Dich, Gott den Vater, und den Du gesandt hast, Jesum Christum, sowie den heiligen Geist mit lebendigem Glauben erkennen, mit fester Hoffnung anrufen und in eifriger Liebe Dir dienen. Amen.

## Für den Papst.

Jesus, Du unsichtbares Oberhaupt der Kirche, Du erster und höchster Hirt der Gläubigen, deiner Heerde! Du hast deine Kirche auf einen Felsen gebaut; selbst die Pforten der Hölle vermögen nichts wider sie. Erhalte und leite den römischen Papst, das sicht= bare Oberhaupt dieser deiner Kirche, deinen Stellvertreter auf Erden. Ver= leihe gnädigst, daß er uns alle deine Wege in deinem Geiste führe; erhalte und schütze ihn gegen alle Anfälle seiner Feinde und laß ihn endlich sammt der ihm anvertrauten Heerde zum ewigen Leben gelangen. Amen.

## Für den Landesbischof.

Jesus, Fürst der Hirten, Hirt und Bischof unserer Seelen, der Du allein Wunderbares und Großes wirkest, wir bitten Dich für unsern Bischof.

Sende über ihn alle jene Gnaden, die
er zu seiner und unserer Heiligung
nothwendig hat. Dein heiliger Geist
hat ihn uns zum Vater und Hirten
gegeben; erfülle ihn nun mit ebendem=
selben heiligen Geiste, damit er Dir
wohlgefällig lebe und uns, seine Schafe,
zu Dir, o Jesu, hinführe. Mache ihn
zu einem Hirten nach deinem Herzen,
damit er durch Lehre, Wort und Bei=
spiel uns zum Segen gereiche. Uns
aber verleihe die Gnade, daß wir als
treue Schafe mit Ehrfurcht ihm gehor=
samen, — seine Krone und Freude
seien, und er einmal die unverwelkliche
Krone der himmlischen Herrlichkeit er=
halte. Amen.

## Gebet der Eltern für ihre Kinder.

### Bei der ersten Communion oder am Tauf= und Namenstage derselben.

Göttlicher Heiland! Du hast meine
lieben Kinder in den heiligen Sa=
kramenten der Taufe und der Firmung

geheiligt. Aber noch mehr: Du selbst kommst bei der heiligen Communion wahrhaft und wesentlich in ihr Herz; als das lebendige Himmelsbrod, als die göttliche Speise verleihest Du ihnen Kraft und Stärke zu allem Guten. O empfange meinen herzlichsten Dank für alle die Gnaden, die Du diesen meinen Theuersten schon erwiesen hast!

Doch wie sehr fürchte ich, wenn ich die großen Gefahren erwäge, denen die guten Kinder noch werden ausgesetzt werden! Wie bange wird mir, wenn ich bedenke, wie sie so leicht in die Fallstricke des Lasters gerathen könnten! Ihre eigene böse Natur, die schlechten Beispiele, die sie so häufig sehen, die Welt mit den verführerischen Freuden und Lustbarkeiten, auch der höllische Feind — Alles das kann ihr Herz verderben und zeitliches und ewiges Unheil über sie bringen.

Nein, o Jesu, laß das nicht geschehen! Du hast für die Geliebten dein

Leben hingegeben und dein kostbares Blut
vergossen; o laß das an ihnen nicht ver=
loren gehen! Ich lege sie ganz zutraulich
an dein liebendes Herz, o bester Kinder=
freund! Bewahre sie vor schweren Ver=
suchungen und stärke sie, daß sie darin
nicht unterliegen. Sende ihnen deine hei=
ligen Engel, die sie vor jeder Gefahr
und bösen Gelegenheiten warnen und
abmahnen. Erhalte sie so in deiner
Gnade, daß sie die schönen Jahre der
Jugend in Unschuld und Frömmigkeit
durchleben und jetzt die Freude, später
aber der Trost und die Stütze der
Eltern seien. So geschehe es mit dei=
ner allmächtigen Hilfe, daß ich einst
beim Gerichte zu Dir freudig sagen
kann: Siehe, Herr, die Du mir ge=
geben hast; ich habe keines von ihnen
verloren.

Durch die Bitterkeit deines Lei=
dens und Todes, durch die unendliche
Liebe deines heiligsten Herzens, durch
die Verdienste und Fürbitten deiner

allerseligsten Mutter Maria bitte ich,
o Jesu, Du wollest dieses Gebet zum
Heile meiner Kinder gnädigst erhören.
Amen.


## Gebet der Kinder für ihre Eltern.

O Gott! Du willst, daß ich meine
Eltern ehren und lieben, ihnen bei=
stehen und gehorsamen soll. Flöße Du
selbst mir jene Ehrfurcht gegen sie ein,
die ich ihnen schulde, und mache mich
liebreich und gehorsam gegen sie. Ver=
gilt ihnen all' das Gute, das sie mir
thun; denn ich bin nicht im Stande,
es ihnen zu vergelten. Ersetze ihnen
alle Mühen und Sorgen, die sie auf
mich verwenden; erhalte ihnen ein lan=
ges, glückliches Leben; laß sie Theil
nehmen an dem Segen der heiligen
Patriarchen; laß sie in der Tugend
stets zunehmen, an allem Guten Ueber=
fluß haben und endlich zu Dir gelan=
gen; durch Jesum Christum 2c. Amen.

## Für Wohlthäter und Freunde.

O Gott, Du bist der Gott der Liebe; jede wahre Liebe kommt einzig von Dir und soll auch nur in Dir bestehen. Ich danke es deiner väterlichen Vorsehung, daß ich durch meine Wohlthäter schon so viel Gutes empfangen habe; ich bitte Dich, vergilt ihnen alles hundertfach mit zeitlichen und ewigen Gütern, ja sei Du selbst einmal ihr unaussprechlich großer Lohn!

Auch alle Jene, die in besonderer Liebe mir zugethan sind, empfehle ich deinem Schutze, auf daß vor allen Uebeln des Leibes und der Seele mögen bewahrt bleiben. Sei Du ihr Begleiter auf allen ihren Wegen, ihr Trost im Leiden, ihr Retter in Gefahren! Dein allmächtiger Segen sei und bleibe immer bei ihnen, auf daß sie in deinem heiligen Dienste stets eifriger werden, von einer Tugend zur andern fortschreiten und so einst, mit vielen

Verdiensten bereichert, in die Herrlich=
keit des Himmels gelangen. Dort oben
vereinige uns in ewiger und unzer=
trennlicher Liebe, — dort, wo die hei=
lige Liebe nie aufhört — in Jesu
Christo, deinem eingebornen Sohne,
unserm Herrn und Heiland. Amen.

## Für die Bekehrung der Sünder und Irrgläubigen.

### Vom hl. Franz Xaverius.

Ewiger Gott, Du Schöpfer aller
Dinge! gedenke, daß die Seelen der
Heiden, der Irrgläubigen und Sün=
der von Dir, und zwar nach deinem
Ebenbilde, sind erschaffen worden. Sieh,
o Herr, zu deiner Schmach wird die
Hölle von ihnen angefüllt. Gedenke,
daß dein lieber Sohn, Jesus Christus,
für ihr Heil den grausamsten Tod am
Kreuze erduldet hat.

O Herr, laß doch nicht ferner zu,
daß dieser dein anbetungswürdiger

Sohn von ihnen verachtet und ver=
schmäht werde, sondern versöhnt durch
das vereinte Gebet deiner Heiligen und
der ganzen Kirche auf Erden, sei ein=
gedenk deiner unendlich großen Barm=
herzigkeit! Verzeihe ihnen ihre Ab=
götterei, ihre Hartnäckigkeit und all'
ihre Bosheit, und laß sie doch erken=
nen, fürchten und lieben den Herrn
Jesum Christum, den Du gesandt hast,
und der da ist unser Heil, unser Leben
und unsere Auferstehung, durch welchen
wir erlöset und gerettet worden sind,
und dem sei Ehre und Danksagung
in alle Ewigkeiten! Amen.

## Gebet für Feinde und Beleidiger.

O Herr Jesus Christus! mehre in
mir den Geist der christlichen Sanft=
muth und Milde, damit ich die mir
zugefügten Beleidigungen Allen von
Herzen vergebe und jede Unbild der
Menschen geduldig ertrage, und segne

meine Feinde mit allen Gaben deiner Liebe. Amen.

## Für Diejenigen, die an diesem Tage sterben.

O mildester Jesu, Liebhaber der Seelen! ich beschwöre Dich durch die Todesangst deines heiligsten Herzens und durch die Schmerzen deiner unbefleckten Mutter Maria: wasche in deinem Blute die Sünder der ganzen Welt, die jetzt im Todeskampfe liegen und heute sterben werden. Amen.

Herz Jesu, von Todesangst befallen, erbarme Dich der Sterbenden!

Jedesmal 100 Tage Ablaß. Pius IX, 2. Febr. 1850.

## Dreizehnter Abschnitt.

# Andachten zum Troste der Abgestorbenen.

---

## Aufopferung der heiligen Messe
### für Verstorbene, bei Leichenbegängnissen, Gedächtnißtagen ꝛc.

Gütigster Gott! Du selbst verlangst es, wir sollen für die armen Seelen im Fegfeuer beten, sollen zu ihrer baldigen Erlösung durch Almosen und andere guten Werke beitragen, ganz besonders aber sollen wir ihnen Hilfe und Trost dadurch bringen, daß wir dem heiligen Meßopfer beiwohnen. In dieser Absicht komme ich nun in die Kirche und

bringe Dir diese heilige Messe dar durch
die Hände Jesu Christi, deines gött=
lichen Sohnes, sowie durch die Hände
des Priesters am Altare, zu deiner
höchsten Ehre und zur Erlösung aller
Abgestorbenen, besonders derjenigen,
für welche ich zu beten verpflichtet bin.

O gerechter Richter der Lebendi=
gen und Todten! ich steige im Geiste
an jenen Ort der Peinen, in das
Fegfeuer hinab. Da ruhet der Arm
deiner strengen Gerechtigkeit so schwer
auf deinen Kindern und den Erben
deines Reiches! Ich seufze mit ihnen
und für sie: Herr, erbarme Dich ih=
rer! Um der Liebe Jesu willen, durch
alle seine unendlichen Verdienste, die
ich Dir jetzt aufopfere, erbarme Dich
ihrer!

Zur Erstattung des Lobes, der
Ehre, der Liebe und des Dankes, die
diese Seelen in ihrem Leben Dir zu
erweisen, und der Verdienste, die sie
zu sammeln unterlassen haben, nimm

mit Wohlgefallen an — die Verdienſte,
welche dein vielgeliebter Sohn auf
Erden auch für ſie erworben hat. Zum
Erſatz aller Nachläſſigkeiten, Lauigkeit
und Widerwillen, die dieſe lieben Seelen in deinem Dienſte begangen, nimm
als ein Dir wohlgefälliges Opfer an
— allen jenen Fleiß, Eifer und Andacht, womit Jeſus Chriſtus auf Erden
alle ſeine Werke verrichtete. Zur Verzeihung aller Sünden, Fehler und Un-
vollkommenheiten, die dieſe Seelen ſich
haben zu Schulden kommen laſſen, opfere
ich Dir jetzt auf — alle Tugenden, die
dein Sohn auf Erden auf's Vollkom-
menſte ausgeübt hat, ſowie alle jene
Leiden und Schmerzen, die Er auf ſich
genommen und bis zum letzten Athemzuge in ſo wunderbarer Geduld ertragen hat. So opfere ich Dir, o himm-
liſcher Vater! für die armen Seelen
im Fegfeuer jetzt auf — das ganze
Leben, Leiden und Sterben ſammt
allen Tugenden und Verdienſten deines

ewigen Sohnes, auch die Verdienste
seiner glorreichen Mutter und aller
lieben Heiligen und Auserwählten.

Du selbst, o Jesu, der Du auf
dem Altare wahrhaft gegenwärtig bist!
erbarme Dich dieser armen Seelen,
deren wir jetzt aus Dankbarkeit und
in christlicher Liebe gedenken. Du, o
göttlicher Erlöser, dessen heiligste Seele
in die Vorhölle abgestiegen, um die
Patriarchen und Propheten daraus zu
befreien, — besuche auch deine Gläubigen in jenem Orte der Schmerzen,
und führe sie bald in die selige Ruhe,
nach welcher sie so inniglich verlangen.

Süßester Heiland, der Du gesagt
hast, daß Du Alles, was wir auch
für den geringsten unserer Brüder
thun, annehmest, als ob es für Dich
selbst geschehe! sieh', ich opfere Dir
für die Seelen im Fegfeuer Alles auf,
was ich Gutes thue oder früher etwa
gethan habe. O, erbarme Dich ihrer,

# Vater unser.

Vater unser, der Du bist in dem Himmel! wirf einen Blick der Güte und des Mitleids auf die armen Seelen im Fegfeuer, deine jetzt noch unglücklichen Kinder, die sich mit so großer Inbrunst nach der Anschauung deines heiligsten Angesichtes sehnen.

Geheiligt werde dein Name — durch die Befreiung dieser so elenden Seelen, für welche ich bitte. O daß sie doch dort im Himmel recht bald Dich loben und preisen und so deinen Namen mit allen Auserwählten verherrlichen möchten!

Zukomme uns dein Reich; — o diese meine Mitbrüder und Mitschwestern nimm jetzt in deine glorreiche Wohnung, in das Reich deiner Herrlichkeit.

Dein Wille geschehe! Du hast ja deinen ewigen Sohn auf diese Welt gesendet, um zu suchen und zu retten, was verloren war. O, dieser dein heiliger Wille, Alle von der Sünde und der Sündenstrafe zu befreien, geschehe auch an den armen Seelen im Fegfeuer!

Gib ihnen heute noch jenes Brod, nach welchem sie hungern. Das Brod der Schmerzen haben sie gegessen; o laß sie jetzt gesättigt werden mit dem lebendigen Brode, mit deinem Besitze.

Vergib uns unsere Schulden, sowie die Schulden meiner Eltern, Geschwister, Freunde, Wohlthäter und aller derer, denen ich etwa Gelegenheit zur Sünde gegeben oder die ich sonst etwa zur Sünde veranlaßt habe.

Führe uns nicht in Versuchung. O verzeihe, gütigster Vater! verzeihe den lieben Seelen, daß sie den Versuchungen und Reizen zur Sünde nicht immer widerstanden, sondern sich frei=

willig in die Verſuchungen verwickelt
haben.

Erlöſe uns und ſie von dem Uebel
— von der Sünde und allen Strafen
derſelben.

So rufe ich zu Dir, o himmli=
ſcher Vater, auf den Befehl deines
göttlichen Sohnes, mit ſeinen eigenen
Worten und in ſeinem hochheiligen
Namen. Aus Liebe zu ihm, um ſeiner
unendlichen Verdienſte willen, erhöre
gnädig meine demüthige Bitte für alle
armen Seelen im Fegfeuer, insbeſon=
dere für N. N. Gib ihnen allen die
ewige Ruhe, und das ewige Licht
leuchte ihnen, durch Jeſum Chriſtum,
unſern Herrn! Amen.

## Zu den heiligen fünf Wunden Jeſu.

1. Mein gekreuzigter Heiland Jeſus
   Chriſtus! ich grüße und ver=
ehre andächtig die Wunde deiner rech=
ten Hand, und empfehle darein die

Seelen meiner verstorbenen Eltern, Geschwister, Blutsverwandten, Wohlthäter, Freunde und Feinde. Ich bitte Dich um des kostbaren Blutes willen, das aus dieser Wunde geflossen, und um des Schmerzes willen, den Du darin gelitten, erbarme Dich ihrer, tröste und erfreue sie, und nimm sie bald auf in das Reich deiner Glorie. Vater unser 2c.

2. Gütigster Jesu! ich grüße und verehre demüthigst die Wunde deiner linken Hand und empfehle darein die Seelen aller abgestorbenen Gläubigen, insbesonders diejenigen, welche ihrer Befreiung am nächsten sind. Ich bitte Dich um des heiligen Blutes willen, das aus dieser Wunde geflossen, und um des Schmerzes willen, den Du darin gelitten, strecke deine milden Hände gegen sie aus und führe sie recht bald in deine ewige Herrlichkeit. Vater unser 2c.

3. Liebreichster Jesu! ich grüße

und verehre mit aller Inbrunſt des Herzens die Wunde deines **rechten Fußes**, und empfehle darein insbeſondere jene Seelen, welche ſchon am längſten in den Qualen des Reinigungsfeuers zurückgehalten werden. Ich bitte Dich um des koſtbaren Blutes willen, das aus dieſer Wunde gefloſſen, und um des Schmerzes willen, den Du darin gelitten, erbarme Dich dieſer armen Seelen und erlöſe ſie bald von ihren ſo langwierigen Peinen. Vater unſer ꝛc.

4. Gnadenreichſter Jeſu! ich grüße und verehre in Liebe die Wunde deines **linken Fußes**, und empfehle darein insbeſondere jene Seelen, die deinem Leiden und dem deiner ſchmerzhaften Mutter am meiſten zugethan geweſen ſind. Ich bitte Dich um des heiligen Blutes willen, das aus dieſer Wunde gefloſſen, und um des Schmerzes willen, den Du darin gelitten, laß dieſe Seelen recht bald deine ſo freu-

digen Worte hören: „Heute werdet ihr
bei Mir im Paradiese sein." Vater
unser 2c.

5. Barmherzigster Jesu! ich grüße
und verehre von Herzen deine hl. S e i -
t e n w u n d e und empfehle darein alle
armen Seelen des Fegfeuers, insbe=
sondere noch diejenigen, für welche Du
selbst wünschest und willst, daß ich
beten soll. Ich bitte Dich um des
Blutes und Wassers willen, das aus
dieser Quelle des Heils geflossen, und
um all' der Peinen willen, die Du
drei Stunden lang, besonders in dei=
ner letzten Todesangst am Kreuze ge=
litten hast: erbarme Dich dieser armen
Seele! lösche durch die Verdienste die=
ses deines kostbaren Blutes und Gna=
denwassers die Gluth aus, in welcher
sie schmachten und berufe sie mit allen
übrigen Seelen zu Dir in die ewige
Freude. Vater unser 2c.

# Litanei für die Abgestorbenen.

V. Barmherziger Gott, wir flehen zur Dir um Gnade für die leidenden Seelen im Reinigungsorte.

R. Erhöre unser demüthiges Gebet und erbarme Dich ihrer!

Herr, erbarme Dich ihrer!
Christe, erbarme Dich ihrer!
Herr, erbarme Dich ihrer!
Christe, höre sie!
Christe, erhöre sie!
Gott Vater vom Himmel, erbarme Dich ihrer!
Gott Sohn, Erlöser der Welt,*)
Gott heiliger Geist,
Heilige Dreifaltigkeit, ein einiger Gott,
Heilige Maria, bitte für sie!
Heilige Gottesgebärerin,**)
Heilige Jungfrau aller Jungfrauen,
Heiliger Michael,
Alle heiligen Engel und Erzengel,
Alle Chöre der seligen Geister,
Heiliger Johannes der Täufer,
Heiliger Joseph,
Alle heiligen Patriarchen und Propheten,

*) Erbarme Dich ihrer!
**) Bitte (bittet) für sie!

Heiliger Petrus, bitte für sie!
Heiliger Paulus,*)
Heiliger Johannes,
Alle heiligen Apostel und Evangelisten,
Heiliger Stephanus,
Heiliger Laurentius,
Alle heiligen Märtyrer,
Heiliger Gregorius,
Heiliger Ambrosius,
Heiliger Augustinus,
Heiliger Hieronymus,
Alle heiligen Bischöfe und Bekenner,
Alle heiligen Lehrer,
Alle heiligen Priester und Leviten,
Alle heiligen Mönche und Einsiedler,
Heilige Maria Magdalena,
Heilige Katharina,
Heilige Barbara,
Alle heiligen Jungfrauen und Wittwen,
Alle Heiligen Gottes,
Sei ihnen gnädig! Verschone sie, o Herr!
Sei ihnen gnädig! Erhöre sie, o Herr!
Von allem Uebel, erlöse sie, o Herr!
Von deinem Zorne,**)
Von der Strenge deiner Gerechtigkeit,
Von dem nagenden Gewissenswurme,

---

*) Bitte (bittet) für sie!
**) Erlöse sie, o Herr!

Von ihrer langen und tiefen Betrübniß,
erlöse sie, o Herr!
Von der Qual der Flamme,*)
Von der schauerlichen Finsterniß,
Von dem schrecklichen Jammer und Weh=
klagen,
Durch deine wunderfame Empfängniß,
Durch deine heilige Geburt,
Durch deinen süßen Namen,
Durch deine Taufe und dein heiliges Fasten,
Durch deine grenzenlose Demuth,
Durch deinen willigen Gehorsam,
Durch die unendliche Liebe deines göttlichen
Herzens,
Durch deine Aengste und Mühseligkeiten,
Durch deinen blutigen Schweiß,
Durch deine Gefangennehmung,
Durch deine grausame Geißelung,
Durch deine schmachvolle Krönung und Ver=
spottung,
Durch deine mühevolle Kreuztragung,
Durch das theure Blut deiner heiligen
Wunden,
Durch dein bitteres Kreuz und Leiden,
Durch deinen Tod und dein Begräbniß,
Durch deine heilige Auferstehung,
Durch deine wunderbare Himmelfahrt,

---

*) Erlöse sie, o Herr!

Durch die Ankunft des heiligen Geistes des
Trösters, erlöse sie, o Herr!

Am Tage des Gerichtes, erlöse sie, o Herr!

Wir arme Sünder, wir bitten Dich, er=
höre uns!

Der Du der Sünderin Maria Magdalena
verziehest, und den Schächer am Kreuze
erhörtest,*)

Der Du die Auserwählten aus Erbarmen
selig machest,

Der Du die Schlüssel des Todes und der
Hölle hast,

Daß Du unsere Eltern, Verwandten und
Wohlthäter von den Strafen des Feg=
feuers befreien wollest,

Daß Du Dich aller verstorbenen Christ=
gläubigen erbarmen und sie von ihrer
Qual erlösen wollest,

Daß Du Dich insbesondere derjenigen See=
len, an die Niemand auf Erden denkt,
erbarmen wollest,

Daß Du sie alle verschonen und ihnen ver=
zeihen wollest,

Daß Du ihr Verlangen nach Dir recht
bald befriedigen wollest,

Daß Du sie in die Gesellschaft deiner Aus=
erwählten aufnehmen und ewig beseligen
wollest,

----

*) Wir bitten Dich, erhöre uns!

O König der Herrlichkeit, wir bitten Dich, erhöre uns!

O Du Sohn Gottes, Jesus Christus, wir bitten Dich, erhöre uns!

O Du Lamm Gottes, das Du hinweg=nimmst die Sünden der Welt: gib ihnen die Ruhe,

O Du Lamm Gottes, das Du hinweg=nimmst die Sünden der Welt: gib ihnen die Ruhe.

O Du Lamm Gottes, das Du hinweg=nimmst die Sünden der Welt: gib ihnen die ewige Ruhe.

Christe, höre uns! Christe, erhöre uns!
Herr, erbarme Dich unser!

Vater unser ꝛc. Gegrüßt seist ꝛc.

℣. Von den Pforten der Hölle!

℟. Befreie, o Herr, ihre Seelen!

℣. Herr, erhöre mein Gebet!

℟. Und laß mein Rufen zu Dir kommen!

### Gebet.

Verleihe, wir bitten Dich, o Herr, den Seelen deiner Diener und Die=nerinnen fortwährende Huld und Er=barmung, damit ihnen zum ewigen

Heile gereiche, daß sie auf Dich gehofft und an Dich geglaubt haben; durch unsern Herrn Jesum Christum ꝛc. Amen.

℣. Herr gib ihnen die ewige Ruhe!

℟. Und das ewige Licht leuchte ihnen!

℣. Laß sie ruhen in Frieden!

℟. Amen.

## Ablass-Psalm: De profundis.

**Abends nach dem Glockenzeichen zu beten.**

Aus der Tiefe rufe ich zu Dir, Herr! Herr, erhöre meine Stimme.

Laß deine Ohren Acht haben: auf die Stimme meines Flehens!

Wenn Du, o Herr, Acht haben wolltest auf die Missethaten: ach, wer könnte dann bestehen, o Herr?

Doch bei Dir ist Versöhnung und um deines Gesetzes willen harre ich auf Dich, o Herr!

Ja, meine Seele verläßt sich auf

sein Wort: auf den Herrn hofft meine Seele.

Von der Morgenwache bis in die Nacht: hoffe Israel auf den Herrn.

Denn bei dem Herrn ist Barmherzigkeit: und bei Ihm ist reichliche Erlösung.

Und Er selbst wird Israel erlösen: von allen seinen Sünden.

V. Herr! gib ihnen die ewige Ruhe:

R. Und das ewige Licht leuchte ihnen.

V. Laß sie im Frieden ruhen.

R. Amen.

## Ein anderes Ablassgebet für die Verstorbenen.

Fünf Vater unser und fünf Ave Maria und nachher die Gebetverse:

Wir bitten Dich also, komme deinen Dienern zu Hilfe, welche Du mit deinem kostbaren Blute erlöset hast.

V. Gib ihnen, o Herr, die ewige Ruhe:

℟. Und das ewige Licht leuchte ihnen.

℣. Laß sie im Frieden ruhen.

℟. Amen.

300 Tage Ablaß von Pius VII. 7. Febr. 1817.

## Einzelne Kirchengebete.
### Für alle Verstorbene.

O Gott, Du Schöpfer und Erlöser aller Gläubigen, verleihe den Seelen deiner Diener und Dienerinnen Verzeihung aller Sünden, damit sie die gnädige Nachlassung, welche sie allzeit so sehnlich gewünscht, durch gottselige Fürbitten erlangen. Der Du lebst und regierst von Ewigkeit zu Ewigkeit. Amen.

### Für mehrere Verstorbene.

O Gott, dem es eigen ist, sich all=zeit zu erbarmen und zu verschonen: erbarme Dich der Seelen deiner Die=

ner und Dienerinnen; verzeihe ihnen
alle ihre Sünden und führe ſie von
den Banden dieſes Lebens befreit, in
die ewige Glückſeligkeit ein. Durch
Chriſtum, unſern Herrn. Amen.

### Für die Eltern.

O Gott, der Du uns geboten
haſt, Vater und Mutter zu ehren, er=
barme Dich nach deiner Barmherzig=
keit der Seele meines Vaters (meiner
Mutter). Verzeihe ihr ihre Sünden
und verleihe mir, ſie in der Freude
der ewigen Klarheit wieder zu ſehen.
Durch Chriſtum 2c.

### Für Verwandte und Wohlthäter.

O Gott, Du Ausſpender der Ver=
gebung und Liebhaber des menſchlichen
Heiles, wir bitten deine mildreiche
Güte, Du wolleſt unſere Brüder, An=
verwandte und Wohlthäter, welche aus
dieſer Welt geſchieden ſind, durch die

Fürbitte der seligsten Jungfrau Maria
und aller Heiligen zu der Gemeinschaft
der ewigen Seligkeit gelangen lassen.
Durch Christum ꝛc.

### Für einen Verstorbenen.

Herr, neige dein Ohr zu unserm
Flehen, durch welches wir in Demuth
deine Barmherzigkeit anrufen, daß Du
die Seele deines Dieners N., den Du
aus dieser Welt abberufen hast, an
den Ort des Friedens und des Lichtes
und in die Gesellschaft deiner Heiligen
aufnehmen wollest. Durch Christum ꝛc.

### Für eine Verstorbene.

Wir bitten Dich, unendlich gütiger
Gott, erbarme Dich nach deiner Barm=
herzigkeit der Seele deiner Dienerin
N., reinige sie von allen irdischen
Makeln und verleihe ihr die ewige
Glückseligkeit. Durch Christum ꝛc. A.

## Gebet am Allerſeelentage.

Vater im Himmel, für die Aermſten
flehe ich deine Barmherzigkeit an,
für die leidenden Seelen im Fegfeuer.
Sie haben auf Erden an Dich geglaubt, ſind nach deinen Vorſchriften
gewandelt und in deiner Gnade geſtorben; aber ſie haben auch oft deine
Wege verlaſſen, und obſchon ſie von
ihrem Falle wieder aufſtunden, haben
ſie doch für ihre Sünden deiner Gerechtigkeit keine hinreichende Buße ge-
leiſtet. Dafür leiden ſie nun große
Qualen. Liebſter Heiland, erbarme Dich
ihrer. Sie ſind ja deine Erlöſten;
Du haſt im Leben ihnen ſo viele Huld
und Gnade erwieſen. Du haſt ſie oft
ſo gnädig auf ihren Abwegen aufge-
ſucht; Du haſt ihnen ſo oft Verzeihung
angedeihen laſſen: ſei doch jetzt gegen
ſie nicht härter. Siehe, wie ſie jetzt
die Sünde haſſen und verabſcheuen;
wie ſie nach Dir verlangen; wie ſie

nach Dir ſeufzen und ihre Hände nach
deinen Umarmungen ausſtrecken. O
ſtoße ſie doch nicht länger mehr zurück.

Dieſe wahrhaft armen Seelen kön=
nen ſich ſelbſt nicht mehr helfen; denn
der Tag iſt für ſie vorüber und die
Nacht, in der Niemand mehr wirken
kann, iſt hereingebrochen. Darum er=
hebe ich meine demüthige Stimme und
flehe für ſie die Menge deiner Erbar=
mungen an. O Vater im Himmel,
laß ihnen Gnade angedeihen; zum Er=
ſatze, was ſie an deine Gerechtigkeit
noch ſchulden, opfere ich Dir auf das
Leiden und Sterben deines geliebten
Sohnes, und Alles, was Er für unſere
Erlöſung gethan hat. Mach' ihren
Strafen ein Ende und führe ſie ein
in den Kreis deiner Auserwählten, da=
mit ſie dort in alle Ewigkeit Dich loben
und preiſen mögen. Amen.

# Inhaltsverzeichniß.

### Dritter Abschnitt.
## Abendandacht.

### Vierter Abschnitt.
## Meßgebete.

### Fünfter Abschnitt.
## Beichtandachten.

### Sechster Abschnitt.
## Communionandachten.

### Neunter Abschnitt.

### Andachten zur allerseligsten Jungfrau Maria.

## Zehnter Abschnitt.

## Andachten zu den Heiligen Gottes.

### Dreizehnter Abschnitt.

## Andachten zum Troste der Abgestorbenen.